Der Samowar
Russland lädt zum Tee

ISBN 3-89798-087-8

Fotos: Catharina Ende (Titel, S. 5, 7, 55, 56, 58, 60, 79, 97, 98, 101, 102, 104, 112)

Andrej Groß (S. 124, 125)

Repro: Catharina Ende

Grundlayout: Christine Paxmann

Gesamtgestaltung: Paxmann/Teutsch Buchprojekte, München

Druck und Bindearbeiten: Ueberreuter Buchproduktion, A-2100 Korneuburg

Dagmar Schäfer

Der Samowar

Russland lädt zum Tee

Fachliche Beratung: Anton Groß

VERLAG FÜR DIE FRAU
BUCH

Inhalt

Holzkohle-Samowar, Anfang 20. Jahrhundert. Fabrik von N. Bataschew, Tula. Prägung: 12 Medaillen. Privatsammlung Anton Groß, Leipzig

Vorwort

Russland ist groß, Russland ist weit. Die Sommer sind heiß, die Winter kalt, und wenn Gäste aus dem Nachbarort zu Besuch kommen, waren sie möglicherweise lange unterwegs ... Was liegt näher, als den von weither Kommenden erst einmal Tee anzubieten – zur Begrüßung, zum Aufwärmen, um eine gemütliche und gesellige Atmosphäre zu schaffen, die Gespräche in Gang zu bringen. Der Samowar wird angeheizt und schon bald beginnt er zu summen, zu brummen, zu fauchen. Über Stunden hinweg hält er das Teewasser auf genau der Temperatur, die für den Teegenuss richtig ist. Denn das russische Teezeremoniell braucht seine Zeit. Wer weit gereist ist, kann viel erzählen.

Russland hat eine lange Teetradition, und der Samowar ist Russlands wichtigster Beitrag zur Teekultur. Als »russischen Tee« bezeichnete man lange Zeit jenen Tee, der aus Ostasien auf dem Rücken von Tragetieren nach Russland kam. Die »Teestraße« verlief von Peking durch die Wüste Gobi, über Pässe, Sümpfe und Steppen, durch Sibirien bis an den Baikal-See und die Wolga. Tee war kostbar und anfangs deshalb ein Getränk des russischen Adels. Erst allmählich wurde Tee zum russischen Volksgetränk, und mit ihm eroberte sich der Samowar einen hervorragenden Platz im russischen Haus – und in der russischen Seele.

Der Samowar wurde gleichsam zu einem Symbol russischer Lebensweise, und er ist es bis heute geblieben. »Wo mein Samowar ist, da bin ich zu Hause«, sagt ein russisches Sprichwort. Besser kann man die Bedeutung des Samowars im russischen Alltagsleben gar nicht beschreiben. Auch wenn hierzulande die Sommer nicht gar so heiß, die Winter weniger kalt und die Wege kürzer sind – das russische Teezeremoniell hat viel Nachahmenswertes zu bieten. Mit seiner Ruhe und Besinnlichkeit bildet es einen Gegenpol zu Stress und Hektik unserer Zeit. Gönnen wir uns also das Vergnügen: Setzen wir uns mit Freunden an den summenden Samowar, trinken wir Tee nach russischer Sitte – mit Zucker, Honig, Zitrone, Milch oder Sahne. Und genießen wir auch all die Leckereien, die den russischen Teegenuss abrunden: Fruchtbrot und Mandelringe, Zuckerrubel und Babas, Tschaj-Marmeladen und Fruchtgelee ... Und wer will, nehme auch ein Buch zur Hand – denn wo lassen sich die Erzählungen Puschkins oder Tschechows besser verstehen als am Samowar?

Rund um den Samowar

Geh nicht weg,

wenn der Samowar dampft.

Russisches Sprichwort

Rund um den Samowar

Tee für Zobelfelle

Seit wann eigentlich wird in Russland Tee getrunken? Und wie kam der Tee überhaupt ins Land? Der Ursprung russischer Teekultur liegt in einem Tauschgeschäft. Zar Michail Fjodorowitsch ließ im Jahr 1638 dem mongolischen Khan Altyn wertvolle Zobelfelle überbringen und erhielt dafür als Gegenleistung – Tee, chinesischen Tee, und zwar vier Pud, das sind 65 Kilo. Es ist anzunehmen, dass dem Khan der Verwendungszweck kostbarer Zobelfelle bekannt war, aber wie viel wusste Michail Fjodorowitsch über Tee? Es soll große Ratlosigkeit am Hofe des Zaren geherrscht haben, von Beleidigung und Missachtung war die Rede. Keiner wusste mit den Säcken voller getrockneter Blätter etwas anzufangen.

Doch der Khan schlichtete, entsandte einen Küchenspezialisten nach Moskau, der dem Zaren Tee zubereitete. Ob er es nach dem mongolischen Rezept tat, den Tee mit Milch und Butter zu kochen, ist nicht bekannt, aber die Reaktion des Zaren ist der Nachwelt überliefert:

»Das Getränk war sehr bekömmlich«, schwärmte Michail Fjodorowitsch nach dem Teegenuss, »und wenn man sich daran gewöhnt hat, ist es sehr schmackhaft.«

Und der Zar gewöhnte sich tatsächlich an das neuartige Getränk. Der Siegeszug des Tees in Russland konnte beginnen. Doch Eile mit Weile. Zunächst genoss zwar der Zar seinen Tee in vollen Zügen, und bald fanden es auch die Bojaren schicklich, dieses Getränk zu probieren. Doch vorerst blieb der Tee ein

Vorherige Seiten: Konstantin Juon, Märzsonne, 1910

Michail Fjodorowitsch (1596 – 1645), der erste Zar aus dem Hause der Romanows, darf als Begründer der russischen Teekultur gelten.

Getränk der russischen Adligen, die in ihm eher eine Arznei als ein Genussmittel sahen. Es dauerte Jahrzehnte, bis sich das Teetrinken in Russland »einbürgerte« und eine eigenständige russische Teekultur entstand. Aber noch immer blieb der Tee ein Getränk der Angehörigen höherer Gesellschaftskreise. Seit den siebziger Jahren des 18. Jahrhunderts liebten sie es, täglich gegen 17 Uhr Tee zu trinken und dazu Torten, Kuchen und andere Näschereien zu verzehren. Ein Volksgetränk wurde der Tee erst viel später.

Mit der Zahl der Teeliebhaber in Russland wuchs auch der Bedarf an Tee. Schon 1696 fuhren deshalb die ersten Moskauer Kaufleute nach Peking, um Tee einzukaufen. Der Teehandel begann.

»Keine Bewirtung kommt ohne Tee aus. Mit Tee beginnt man, wie es sich gehört, und damit endet es meist auch beim Aufbruch. Die Hausleute waren soeben fertig mit dem Teetrinken, da erschienen Sie, als man den Samowar bereits vom Tisch geräumt hatte. Aber das hindert ihn nicht, erneut mit seinem Summen zu beginnen und zur Versüssung der Unterhaltung zu erscheinen. Und Sie werden nicht allein trinken müssen, sondern die Liebenswürdigkeit der Hausleute wird Ihnen entgegenkommen. Keinerlei Ausreden können Sie von der Verpflichtung befreien, sich beim Samowar niederzusetzen.«

Iwan Kokorew, »Tee in Moskau« (1848)

Die Karawane zieht weiter

Der Handel mit chinesischem Tee entwickelte sich zu einem lukrativen Geschäft in Russland. Doch der Transport des kostbaren Genussmittels durch die Wüsten und Gebirge Asiens dauerte Monate. Karawanen von dreißig und mehr Kamelen brachten den Tee über die unvorstellbar großen Entfernungen und unwegsamen Landstriche nach Russland. »Die Waren hängen über einem hölzernen Tragsattel zu beiden Seiten in zwei großen Ballen, welche mit grobem Baumwollzeuge umwickelt und auch mit baumwollenen Stricken geschnürt, gegen den Regen aber noch mit Filzen verwahrt und mit Haarseilen verbunden sind«, berichtet ein Reisender im Jahr 1771. Er beklagt zugleich den schlechten Zustand der Kamele – der lange Weg durch die Steppe und der Mangel an Futter erschöpfte sie. Während der Tee für Zar Michail Fjodorowitsch noch ganz bestimmt auf dem Rücken dieser Kamele nach Moskau gelangte, änderten sich mit der Zeit die Transportmittel. Von »Karawane« sprach man aber auch weiterhin, selbst wenn der Tee nun mit Pferde- oder Ochsenfuhrwerken transportiert wurde – daher auch die Bezeichnung »Karawanentee«. Im Winter wurden Schlitten verwendet. Ein Reisebericht aus dem Jahr 1841 beschreibt eine »Karawane« als eine Reihe von zwanzig bis dreißig Pawosken – Fuhren oder Reisewagen –, jede mit einem Pferd bespannt. Überall auf wichtigen Handelsstraßen Russlands konnte man diesen eigentümlichen, hochrädrigen Wagen begegnen.

Boris Dmitrijewitsch Grigorjew, Lithographie 1923

Umschlagplatz für den Teeimport wurde Moskau. Um die Mitte des 19. Jahrhunderts gab es hier mehr als hundert Teeläden und über dreihundert Teestuben. In Letzteren wurden Geschäfte besiegelt. »Der russische Kaufmann kennt nur zwei Hauptvergnügen«, schreibt ein deutscher Reisender 1841, »erstens den Handel und zweitens das Teetrinken. Den ganzen Tag über handelt er, was ihm die schönste Genugtuung gewährt, und des Abends trinkt er Tee, was ihm als die schönste Belohnung erscheint.« Moskau bewahrte die Rolle als Umschlagplatz des Tees auch dann, als eine Handelsflotte begann, den Tee auf dem Wasserweg zu transportieren. Doch die hölzernen Schiffsrümpfe mit ihren ungelüfteten Laderäumen waren feucht, Nässe und Salzwasser verdarben den Tee. Der Transport des wertvollen Handelsgutes durch den Ural blieb somit unangefochten, wenngleich sehr aufwändig und entsprechend teuer.

Isaak Lewitan, Wladimirka, 1892

Tee »à la Russe«

Als Zar Alexander I. nach dem Sieg über Napoleon 1814 in Paris einzog, brachte er auch große Mengen Tee mit. Damals kampierten die Soldaten halb Europas auf den Champs Elysées, darunter auch viele Russen und Engländer. Das Teetrinken »à la Russe« und »à l'Anglaise« kam plötzlich groß in Mode. Die Franzosen tranken Tee ... Aber so recht waren sie wohl doch nicht mit dem Herzen dabei – und blieben beim Kaffee.

Sprach man in Deutschland vom »russischen Tee«, dann meinte man den aus Asien stammenden und dann mühselig auf dem Landweg nach Russland transportierten Tee. Über russische Zwischenhändler gelangte er nach Mitteleuropa. Auch in Deutschland kam das Teetrinken in Mode, und die »russische Mischung« wurde zu einem Qualitätsbegriff. In der Goethezeit gehörten Teerunden, der sogenannte »ästhetische Tee«, zum guten Ton. »Diesen Abend war ich bei Goethe zu einem großen Tee«, berichtet Eckermann am 14. Oktober 1823. »Die Gesellschaft gefiel mir, es war alles so frei und ungezwungen.«

Teestunde bei Herzogin Anna Amalia von Sachsen – Weimar 1783 im Wittumspalais

Auch in den literarischen Salons der Rahel Varnhagen und Henriette Herz wurde eifrig Tee getrunken, ebenso bei den Tafelrunden der Herzogin Anna Amalia in Weimar. Ihr Mundkoch François le Goullon fasste die Regeln des Teezirkels und allerlei Rezepte für schmackhaftes Beiwerk in seinem Büchlein »Der elegante Theetisch« zusammen. Und Heinrich Heine schrieb sein bekanntes Teegedicht:

»Sie saßen und tranken am Teetisch,
Und sprachen von Liebe viel.
Die Herren, die waren ästhetisch,
Die Damen von zartem Gefühl.«

In Russland versteht man unter »russischem Tee« heute vor allem den seit 1884 in Grusinien, an den Südhängen des Kaukasus angebauten Tee. Es sind ertragreiche und widerstandsfähige Sorten, die auch strengere Fröste vertragen. Den Durst der russischen Teeliebhaber kann dieser Tee aber nicht löschen, so dass größere Einfuhren aus Indien, dem heute größten Teeproduzenten, notwendig sind.

Werbung der lange Zeit marktführenden Firma Karawan, die sogenannten Karawanentee anbot, sowie der Firma Wysotzkij, die bis heute (als »Haus Wysotzkij« in Israel) produziert.

»Ob ich morgen leben werde, weiß ich freilich nicht. Aber dass ich, wenn ich morgen lebe, Tee trinken werde, weiß ich gewiss.«

Gotthold Ephraim Lessing

Zum »ästhetischen Tee« in Deutschland gehörte auch das passende Gebäck:

»Sächsischer Theekuchen«

Man bereitet von einem Pfunde feinstem Mehl, zwölf Loth sehr frischer Butter, sechs Eidottern, sechs Loth Zucker, dem nöthigen, lauwarmen Rahm, vier Eßlöffeln voll guter Hefe, und ein wenig Salz, einen feinen, zarten Hefeteig. Dieser wird fingerdick ausgerollt, auf einen mit Butter bestrichenen weißen Bogen Papier gelegt, ganz rund dressirt und zum Gehen zugedeckt an einen warmen Ort gestellt. Ist der Kuchen nun gehörig gegangen, so wird er mit Ei bestrichen, mit einem spitzen Hölzchen auf der ganzen Oberfläche gestopft, und dann in schöner Farbe lichtbraun gebacken. Unterdessen wird ein Viertel Pfund Zucker zum Faden gekocht, mit welchem man den Kuchen, wenn er aus dem Ofen kommt, mittelst eines reinen Pinsels gut überstreicht, welches demselben einen feinen Geschmack gibt.

»Russische Mischung«

nennt man eine aromareiche, kräftige Mischung ost- und südasiatischer Tees, von europäischen Teekennern komponiert.

»Nach einer Viertelstunde stand schon vor der Freitreppe ein Tisch, mit einem weissen hausleinenen Tischtuch bedeckt, es brodelte der Samowar in Gestalt eines riesigen kupfernen Teekessels, an dem sich Axiutka zu schaffen machte ...

Bei seiner Rückkehr fand er seine ganze Familie, die auf ihn wartete, versammelt bei dem gleichen im Schatten aufgestellten Teetisch mit dem gleichen brodelnden Samowar samt Teekanne und eben derselben Axiutka. Nachdem er sich des beliebten schweisstreibenden Getränks mit dicker Sahne sattgetrunken hatte, schlug mein Grossvater der ganzen Gesellschaft eine Spazierfahrt nach der Mühle vor.«

Sergej Aksakow, »Eine Familienchronik« (1856)

Konstantin Korowin, Am Samowar, 1888

»Heißer Sbiten!«

Man traf ihn im alten Russland allerorts, auf Jahrmärkten, an Wallfahrtsorten, auf Volksfesten: den Sbitenverkäufer. Sbiten, auch »russischer Glühwein« genannt, ist ein altrussisches Getränk, das man heiß, aber auch kalt genießen kann. Es besteht aus Wasser, in dem Honig und Pfefferkuchengewürze aufgelöst und geschlagen sind. Um den Sbiten im Winter lange warm zu halten, benutzten die Verkäufer Teekessel mit einem eingelassenen Rohr für glühende Holz- und Kohlestückchen. So entstand der Sbitennik als Vorläufer des Samowars. Der Sbitennik war praktisch, einfach zu bedienen und deshalb lange Zeit sehr beliebt in Russland.

Gefertigt wurden die Sbitenniks im fernen Ural. Zar Peter I. gab 1701 den aus Tula stammenden Kaufleuten Demidow das Privileg, Eisenerz zu fördern und zu verarbeiten – in Swerdlowsk, Perm, Kungur und Suksun. Und dort, im völlig unbekannten Suksun, wurde um das Jahr 1730 der erste Samowar als eine Weiterentwicklung des bekannten Sbitenniks hergestellt.

Wie kam es dazu? Suksun lag am Handelsweg von China nach Moskau. Die Kaufleute, die mit Tee handelten, machten hier Rast – und tranken natürlich auch Tee. Dieser Tee sollte heiß sein, auch im Winter bei strengem Frost. Wie aber ließ sich der Tee über einen längeren Zeitraum warm halten? Kaufleute und Gastwirte von Suksun regten die Metallarbeiter der Demidow-Manufaktur an, einen entsprechenden Behälter zu entwickeln. Sie vergrößerten den Sbitennik, bauten ein Heizrohr mit Zugloch und Abzug ein sowie einen Auslaufhahn – und der Samowar, der »Selbstkocher«, war erfunden und konnte seinen Siegeszug durch Russland antreten.

Unbekannter Künstler, Zar Peter I., 18. Jahrhundert

Der russische Zar Peter I. (1672-1725) suchte sein Land der westeuropäischen Kultur zu öffnen, förderte Bergbau- und Manufakturwesen. 1703 gründete er die neue Hauptstadt Sankt Petersburg.

»Vor der Eckbank, oder besser im Fenster, postierte sich der Sbitenverkäufer mit einem Samowar aus rotem Kupfer und einem Gesicht, das genauso rot war wie der Samowar.«

Nikolaj Gogol,
»Die toten Seelen« (1842)

Doch auch dieser Siegeszug brauchte seine Zeit. Erst im 19. Jahrhundert wurde der Sbiten allmählich vom Tee verdrängt und der Sbitennik vom Samowar. Nach und nach fielen auch die sozialen Schranken beim Teegenuss: Nicht mehr nur die Adligen, die Kaufleute und Beamten tranken Tee, sondern auch die »kleinen Leute«, ganz besonders in Moskau. Feiertags brachen sie auf in die Vororte, die Frauen trugen den Samowar, die Männer die Kohlen, die Kinder die Tassen und Speisen. Irgendwo auf einer Wiese, im Schatten einer Birke breiteten sie ihre Habseligkeiten aus, besorgten sich Wasser, heizten den Samowar an und warteten auf Besucher. Jeder Samowarbesitzer war bestrebt, Gäste anzulocken, die er dann mit Tee, Zucker und Geschichten bewirtete, und damit hin und wieder ein paar Kopeken zu verdienen. Der Tee war in Russland endgültig zum Volksgetränk geworden und der Samowar zu einem wichtigen Requisit russischer Lebensweise.

Sbiten

»Auf dem Kai schlendern geräuschvoll Scharen von feldgrauen Soldaten, marineblauen Matrosen und bunt gekleideten Frauen hin und her. Alte Frauen verkaufen Semmeln, russische Männlein mit Samowaren schreien: ‚Heisser Sbiten!'«

Lew Tolstoj, »Sewastopol im Dezember 1855«

150 g Honig, $1\frac{1}{2}$ bis 2 Liter Wasser, 100 g Zucker, 2 bis 3 Teel. trockene Hartheublätter, 2 Nelken, 5 bis 6 schwarze Pfefferkörner, $\frac{1}{4}$ Teel. Ingwerpulver, 1 Teel. Zimt, 2 Teel. Minze.

Den Honig mit 200 ml Wasser kochen und entschäumen. Den Zucker extra mit 200 ml Wasser kochen. Beides auf kleiner Flamme zu einer einheitlichen Masse verkochen, dabei möglichst viel Wasser verdampfen. Im restlichen Wasser die Gewürze 15 bis 20 Minuten kochen, 10 Minuten ziehen lassen, durchseihen, das Honig-Zucker-Gemisch zugeben und erwärmen, aber nicht kochen. Sbiten heiß trinken.

Sbitennik, der Vorläufer des Samowars. Demidow-Werk, Ural. Mitte 18. Jahrhundert. Privatsammlung St. Petersburg

Wenn es Tee gibt, ist es auch unter einer Tanne schön.

Russisches Sprichwort

Russischer Winter und Samowar – von alters her untrennbar. Abendstimmung vor dem Kreml.

Wer reist schon mit einem Samowar nach Tula?

Schlug die Geburtsstunde des Samowars auch im fernen Ural, zur »Stadt der Samoware« aber wurde Tula. Hier gab es Erzvorkommen, hier war das Waffenhandwerk ansässig und mit ihm talentierte Metallarbeiter, wahre Meister ihres Faches. So war es nur folgerichtig, dass Tula zum Zentrum der Samowarherstellung wurde, zumal durch die Nähe Moskaus auch die Nachfrage gesichert war. Ein »echter« Samowar ist also ein »Tulski Samowar«.

Die Gebrüder Iwan und Nasar Lissizin waren die Ersten, die in Tula Samoware herstellten. Sie eröffneten 1778 eine kleine Samowar-Werkstatt, in der sie 1808 bereits 28 Arbeiter beschäftigten. Zu dieser Zeit gab es in Tula acht Fertigungsstätten für Samoware, weitere folgten. Tula wurde als »Stadt der Samoware« berühmt, auch weit über die Grenzen Russlands hinaus.

Der Ruhm Tulas verband sich mit ganz bestimmten Samowar-Fabriken, bekannt wurden vor allem die Unternehmer J. W. Ljalin, U. W. Lomow, R. Rudakow und die Gebrüder Bataschew. Mit dem steigenden Bedarf an Samowaren wuchs auch die Produktion: Um 1850 wurden jährlich über 120 000 Samoware in 28 Werken hergestellt, 1890 gab es bereits 74 Betriebe, die Samoware fertigten.

Bis zu fünftausend Menschen arbeiteten in jener Zeit als Heimarbeiter in der Samowarindustrie.

Wo es Tee gibt, da ist das Paradies.

Russisches Sprichwort

Vor dem Hintergrund dieses raschen Aufschwungs eines Industriezweiges lässt sich die damals populäre Redewendung »Wer reist schon mit einem Samowar nach Tula!« gut verstehen.

Einige der Samowar-Fabrikanten wurden zu »Samowar-Königen«, auch die Gebrüder Bataschew. Sie besaßen zehn Fabriken, in denen Samoware in 54 verschiedenen Ausführungen hergestellt wurden. Bataschew-Samoware fehlten auf keiner Ausstellung im In- und Ausland, waren für ihre Qualität berühmt. Sie erhielten Auszeichnungen, die eingraviert wurden und den Wert des Samowars noch erhöhten. Die Bataschews waren Hoflieferanten des Zaren und des spanischen Königs. Das Tulaer Heimatmuseum bewahrt heute Bataschew-Samoware in dreißig verschiedenen Ausführungen auf, darunter auch einige Souvenir-Samoware als Geschenk für die Zarenfamilie. Im Historischen Museum in Moskau wird eine Rarität aus Tula aufbewahrt: der einem Weinfaß nachgebildete Samowar des Feldherrn Michail Kutusow, der jeden Feldzug seines berühmten Besitzers begleitet hat.

Die Stadt Tula, etwa 200 km südlich von Moskau, gilt als ältestes Zentrum der Metallindustrie Russlands.
Tula wurde zugleich zur »Stadt der Samoware«.

Fabrik- und Firmenschilder der Gebrüder Bataschew, Tula

Wahre Meister ihres Faches

Um das Talent und die Kunstfertigkeit der Tulaer Meister ranken sich viele Legenden. Am bekanntesten wurde wohl die 1881 erschienene Erzählung »Der Linkshänder« von Nikolaj Leskow: Zar Alexander I. bringt aus England ein aufsehenerregendes Kinderspielzeug mit – einen winzigen stählernen Floh, der eine Quadrille aufzuführen vermag. Nach Alexanders Tod gerät das Spielzeug in Vergessenheit, später aber erinnert sich Nikolaus I. daran. Er befiehlt den berühmten Waffenschmieden von Tula, das englische Spielzeug zu übertreffen. Nach wochenlanger Arbeit bringt der kunstfertigste der Tulaer Schmiede, der »Linkshänder«, den Floh zurück: mit kleinen Hufeisen beschlagen, auf denen die Schmiede ihre Namen eingraviert haben. So geschickt waren die Tulaer Waffenschmiede! Nur hatten sie eines nicht bedacht: Der Floh war mit seinen Hufeisen nun zu plump, um noch tanzen zu können.

Der legendäre Tulaer Linkshänder – verewigt auf einem Samowar aus Tula

»Es brodelt der kupferne Recke. Die Flamme lodert aus seinem zornigen Schlund. Zu Wolken wölbt sich aus ihm der Dampf. Mit weissem Brodem wallt und siedet das ungestüme Wasser. Der glückselige Genuss ist nahe: der duftende Tee ist fertig. Ein Glas ums andere, und allmählich durchströmt dein ganzes Wesen, alle Äderchen und Gelenke, ein unerklärliches Wohlgefühl.
Eine leichte Trägheit lullt Seele und Körper ein. Alle Empfindungen sind auf unbegrenztem Urlaub. Der geschäftliche Verstand hat eine Pause. Der verspielte Schwarm von Träumereien hat freien Lauf.«

Iwan Kokorew, »Samowar« (1850)

Isaak Lewitan, Goldener Herbst

Kupferne Recken in vielerlei Gestalt

Die schönsten Samoware von Tulaer Meistern fanden über den praktischen Gebrauch hinaus Würdigung als selbständige Werke angewandter Kunst. Unterschiedlichste Formen finden sich: Samoware, die wie Empirevasen aussehen oder wie Pokale, Fässchen, Birnen, Würfel, Kugeln. Sie sind mit Aufschriften, Gravuren, Ornamenten und Einlegearbeiten verziert; Hähne, Füße und Griffe sind Vögeln, Fischen oder anderem Getier nachgebildet. Wählten die Meister anfangs noch herkömmliche Formen von Wasserbehältern wie Kannen, Krüge und Kessel, ließen sie in der Blütezeit des Samowar-Kunsthandwerks in der zweiten Hälfte des 18. und der ersten Hälfte des 19. Jahrhunderts ihrer Phantasie freien Lauf. Prunkexemplare mit üppigen Verzierungen aus Gold und Silber entstanden, mitunter komplette Samowar-Services mit Tassen, Dosen und Löffeln. Die Auftraggeber für diese wertvollen Stücke entstammten den vermögenden Schichten der russischen Gesellschaft. Je populärer der Samowar wurde, desto mehr waren einfache Ausführungen gefragt. Mit der beginnenden Massenproduktion ging die individuelle Handschrift der Schöpfer jedoch nach und nach verloren.

Gedenk-Medaillen, die N. Bataschew auf den internationalen Ausstellungen in Paris 1889, Chicago 1893 und London 1909 erhielt

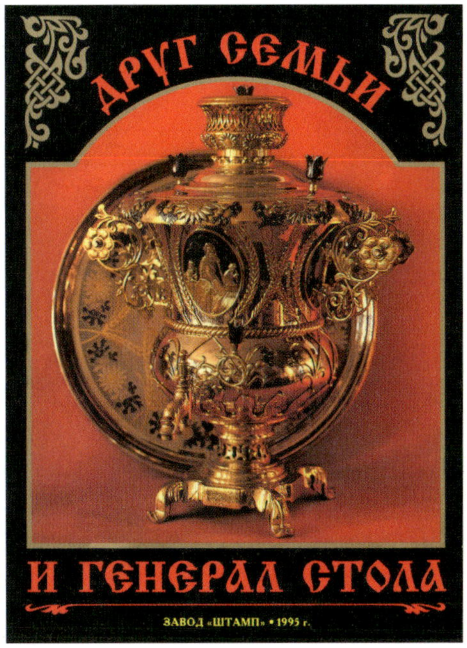

»Freunde der Familie«
sind die Samoware
aus Tula bis heute.
Und je mehr Medaillen,
um so höher der Wert
des Samowars!

Samoware blieben trotzdem kostbar, selbst die »Massenware« war zunächst nur für kleine Gutsbesitzer und Angehörige der zaristischen Bürokratie erschwinglich. Erst zu Beginn des 20. Jahrhunderts konnten sich auch einfache Leute einen Samowar leisten, mitunter legten mehrere Familien ihr Geld zusammen und kauften sich gemeinsam ein preiswertes Exemplar.

Die revolutionäre Zeit war auch für die Tulaer Samowar-Herstellung schwierig. Die Produktion kam fast völlig zum Erliegen, 1918 wurden die Fabriken verstaatlicht und vereinigt. Allmählich nahm die Samowar-Fertigung wieder Aufschwung, seit 1950 ist das Werk »Schtamp« alleiniger Samowar-Hersteller in Tula. In jener Zeit ging zugleich die Ära der Holzkohle-Samoware zu Ende, von nun an wurden auch Elektro-Samoware hergestellt. Heute exportiert das Werk Samoware in nahezu dreißig Ausführungen in mehr als fünfzig Länder. Hergestellt werden auch kombiniert heizbare Modelle: In der Wohnung kann man sie ans Stromnetz anschließen, auf der Datsche heizt man sie mit Holzkohle oder Holzscheiten.

Auf dem Werbeprospekt der Firma Schtamp der Luxus-Samowar »Russisches Feld« von Vater und Sohn Wolgin

Ein Verkaufsschlager des Werkes ist der nur 125 Gramm schwere und 13 Zentimeter hohe Souvenir-Samowar »Jasnaja Poljana«, eine originalgetreue Nachbildung des Samowars von Lew Tolstoj in 50facher Verkleinerung. Das Original befindet sich auf Tolstojs Landgut Jasnaja Poljana. Streichhölzer genügen, um die 125 ml Wasser in drei Minuten zum Sieden zu bringen.

Neben der Serienproduktion werden in Tula auch heute noch wie schon vor hundert Jahren Samoware als Einzelstücke gefertigt und mit Ziselierarbeiten, Gravuren und Einlegearbeiten versehen. Bestes Beispiel für die traditionelle Herstellung ist der Samowar »Russkoje polje« (russisches Feld), der Ende der Achtzigerjahre entstand. Geschmückt mit Medaillons, Darstellungen von Getreideähren, Kornblumen und Kränzen, versehen mit eleganten Griffen, reiht er sich ein in die Sammlung der schönsten Samoware, die je von Tulaer Meistern geschaffen wurden (s. S. 29).

Die Miniaturausgabe des Tolstoj-Samowars ist ein beliebtes Souvenir und dabei voll funktionstüchtig

Indiz für Gastlichkeit

Die Anzahl der Samoware galt in Russland als Indiz für die Gastlichkeit und den Wohlstand eines Hauses. Wer es sich leisten konnte, führte seine Gäste, so wie bei Lew Tolstoj in »Anna Karenina« geschildert, »in den großen Salon mit den dunklen Wänden, den schwellenden Teppichen und dem hell erleuchteten Tisch, auf dem das schneeweiße Tischtuch, der silberne Samowar und das durchscheinende Teegeschirr aus Porzellan im Scheine zahlreicher Kerzen glänzten.«

»Unter dem Vorwand der Kühle und des Taus beeilte sich der Fürst heimzukehren; dort erwartete sie schon der Samowar. Der Fürst bat Marja Kirilowna, im Hause eines alten Junggesellen die Rolle der Hausfrau zu übernehmen. Sie goss den Tee ein und hörte dabei den unerschöpflichen Erzählungen des liebenswürdigen Schwätzers zu ...«

Alexander Puschkin, »Dubrowskij« (1832)

Samowar der Firma Malikow, Tula, von 1840-1850. Sammlung des Staatlichen Russischen Museums St. Petersburg

Der Samowar ist stets dabei

Mit dem Tee hielt auch der Samowar Einzug in den russischen Alltag. Spätestens seit der Zeit, als er die Wohnstuben der »kleinen Leute« eroberte, wurde er zum unentbehrlichen Bestandteil des täglichen Lebens – und gleichsam dessen Verkörperung. Denn der Samowar begann ein Eigenleben zu entfalten. Nicht mehr nur Gebrauchsgegenstand war er, sondern auch Sinnbild: für russisches Leben, russische Gastfreundschaft, Familiengespräche, Muße und Diskussion.

Troika und Samowar sind Symbole russischer Tradition bis heute

Der Samowar wurde zum Mittelpunkt der Familie – in den Städten ebenso wie in den Dörfern des unendlich weiten Landes. Am Samowar versammeln sich die Familie, die Freunde, die Gäste, hier trinkt man Tee und spricht miteinander. Auch der Samowar trägt zur Unterhaltung bei: Er singt, lärmt, brodelt, verbreitet gemütliche Wärme. Er gibt das Gefühl von Geborgenheit und Heimatverbundenheit, verströmt Ruhe, mahnt zur Besonnenheit, ermuntert aber auch zu Tätigkeit und Geschäftigkeit. Kurzum – der dickbauchige Samowar hat ganz sicher eine Seele, und deshalb liebt man ihn in Russland auch, pflegt ihn, poliert ihn, behandelt ihn mit Sorgfalt. Der Samowar ist der Mittelpunkt des russischen Hauses, der Familie. Er ist russisches Leben, Symbol – und natürlich auch ein ganzes Stück Klischee.
In dieser Weise ging der Samowar in die russische Literatur ein, ins Gedicht, in die Prosa, ins Schauspiel. Besonders die Romantiker priesen ihn. Im Werk von Alexander Puschkin findet sich der Samowar allenthalben; im Versroman »Eugen Onegin« setzte ihm der Dichter gleichsam ein Denkmal:

»Schon dämmert's; drinnen summt beschaulich
Der Samowar sein Abendlied;
Im bunten Teetopf brodelt's traulich,
Und weisser Dampf zischt auf und sprüht.
Der duftig-goldne Trank, bereitet
Von Olgas Händen, quillt und gleitet
In blanke Tassen; nebenbei
Gibt's süssen Rahm und Näscherei.«

Zum Samowar gehört auch das Bild von der endlosen Weite russischer Steppen und Wälder, dazu gehören Wind und Regen, Sonne und Staub, wogende Felder, Birkenwälder, Schneesturm und Frost, Poststationen und Pferdewechsel, Schenken und warme Stuben.

»Nach der Ankunft in der Poststation war meine erste Sorge, mich möglichst schnell umzuziehen, die zweite, einen Tee zu bestellen«, lässt Puschkin einen fiktiven Erzähler in »Der Postmeister« berichten. »'He, Dunja!' rief der Postmeister. ‚Mach den Samowar an und geh und hol Sahne!'«

Überall wo russische Literaten russische Häuslichkeit und freigebige Gastlichkeit eingefangen haben, findet sich in ihren Werken auch der Samowar. Wir begegnen ihm bei Gogol, Dostojewski, Turgenjew, Tschechow. Und natürlich bei Lew Tolstoj. Geboren und aufgewachsen in Jasnaja Poljana bei Tula, hatte Tolstoj einen engen Bezug zum Samowar, nutzte ihn auf seinem Gutshof täglich. In »Kindheit« schreibt er: »Die Mutter saß im Salon und goss den Tee ein; mit der einen Hand hielt sie die Teekanne, mit der anderen den Hahn des Samowars, aus dem das Wasser über den Rand der Teekanne auf das Teebrett floss. Obwohl sie unverwandt hinschaute, bemerkte sie es nicht, sie bemerkte auch nicht, dass wir hereinkamen.«

Für Tolstoj blieb der Samowar sein Leben lang wichtig. Regelmäßig traf er sich mit Angehörigen und Freunden zum Tee, besprach mit ihnen Fragen des literarischen Schaffens, aber auch die vielen kleinen Angelegenheiten des täglichen Lebens.

Iwan Kramskoj, Porträt Lew Tolstoj (1828-1910)

»Bei uns auf der Terrasse glänzte und brodelte auf dem weißgedeckten Tisch der blankgeputzte Samowar, daneben stand Sahne und lagen Brezeln und anderes Backwerk. Katja spülte mit ihren rundlichen Händen geschäftig die Tassen aus. Da ich nach dem Bade Hunger verspürte und nicht warten wollte, bis der Tee fertig war, aß ich vorweg ein Stück Brot mit dicker, frischer Sahne.«

Lew Tolstoj, »Familienglück«

Isaak Lewitan, Kleine Brücke im Dorf Sawwinskaja Sloboda, 1884

Einladung zum Tee

Der Tee weckt den Geist,
öffnet die Seele,
vertreibt die Müdigkeit,
fördert das Denken,
lässt keinen Platz für die Trägheit.

Russisches Sprichwort

Ein wahrer Zaubertrank

Auch in Russland werden die Teesorten traditionell mit Farbennamen bezeichnet. Der nur aus getrockneten Blättern bestehende Tee heißt grüner Tee. Schwarzer Tee hingegen wird aus gerösteten Blättern hergestellt, weißen Tee nennt man auch Blütentee. Sogar gelben Tee gibt es, aber er gelangte kaum nach Europa.

Doch nicht nur die Sorten sind entscheidend für den Geschmack des Tees, sondern ebenso die Art und Weise der Zubereitung, die Gewohnheiten und Traditionen beim Teetrinken. Bei den zahlreichen Völkern, die auf dem Territorium Russlands und der angrenzenden Staaten leben, gibt es sehr unterschiedliche Trinkgewohnheiten.

TIPP:

BEI ERKÄLTUNGSKRANKHEITEN HAT SICH FOLGENDES HAUSMITTEL BEWÄHRT: TÄGLICH FÜNF TASSEN KRÄFTIGEN TEEAUFGUSS MIT JE DREI ESSLÖFFELN MILCH UND EINEM ESSLÖFFEL HONIG TRINKEN.

Vorherige Seiten: Ilja Repin, Auf der Rasenbank, 1876

Ein Gläschen Tee –
vergiss dein Weh.

Russisches Sprichwort

Igor Grabar, Schnee im September, 1903

Im asiatischen Teil des Landes wird grüner Tee bevorzugt, im europäischen dagegen schwarzer. Die Moskauer lieben den Tee stark und bitter. Um die Bitterkeit zu mildern, nehmen sie viel Zucker dazu, vor allem Kandis, auch Marmelade, Zitrone oder ein Löffelchen süßen Rahm. Der Zucker wird dabei nicht etwa ins Teeglas gegeben, sondern in den Mund genommen, so dass der Tee beim Trinken genüsslich daran vorbeifließt – der heiße Schluck wird sozusagen mit etwas Süße abgerundet. Am Baikalsee hingegen gibt es ganz anderen Tee, eine Art Teesuppe. Sie wird aus Tee, Salz, Milch und Fett gekocht. Und die Armenier mögen ihren Tee zwar mit Milch, aber ohne Zucker. Tee ist universell bekömmlich: Er stillt den Durst, ist heilkräftig, hilft gegen die Kälte und die Hitze, macht munter, beruhigt und belebt zugleich. Mit jedem Schluck Tee schafft man Behagen und innere Ruhe. Eigentlich ist Tee ein wahrer Zaubertrank. Die Wirkung des Tees lässt sich wissenschaftlich erklären. Das Tein im Tee entspricht dem Koffein. Während es im Kaffee Herz und Kreislauf beeinflusst, wirkt es im Tee auf Gehirn und

Samowar der Firma Gebr. Woronzow, Tula, 2. Hälfte des 19. Jahrhunderts.
Sammlung des Staatlichen Russischen Museums St. Petersburg

Zentralnervensystem. Deshalb fehlt dem Tee die aufputschende Wirkung, er regt an, aber nicht auf. Die belebende Wirkung des Tees setzt später ein als beim Kaffee, hält aber länger an. Auch in größeren Mengen ist Tee nicht schädlich, er wird sogar als Heilmittel empfohlen: bei Magenverstimmungen, Nahrungsmittelvergiftungen, Erkältungskrankheiten. Die Wirkung des Teins und der Gerbstoffe im Tee lässt sich bei der Zubereitung steuern: In den ersten zwei Minuten des Ziehens gibt der Tee fast sein ganzes Tein ab, die Gerbstoffe hingegen erst in den nächsten Minuten. Soll der Tee anregend wirken, dann etwas mehr Tee nehmen und kürzer ziehen lassen, soll er beruhigen, dann etwas weniger Tee länger ziehen lassen.

»Nach dem Essen äusserte Lawretzki, er würde gern Tee trinken, wenn … ‚Im Augenblick wird serviert', unterbrach ihn der Alte – und er hielt sein Versprechen. Es fand sich ein Prischen Tee, in einen Fetzen rotes Papier gewickelt; ein kleiner, heftig brodelnder, lärmender Samowar erschien, ebenso Zucker in sehr kleinen, gleichsam zusammengeschmolzenen Stückchen. Lawretzki trank den Tee aus einer grossen Tasse; er erinnerte sich dieser Tasse noch aus seiner Kindheit …«

Iwan Turgenjew, »Ein Adelsnest« (1859)

B. M. Kustodijew, Im Wirtshaus, 1920

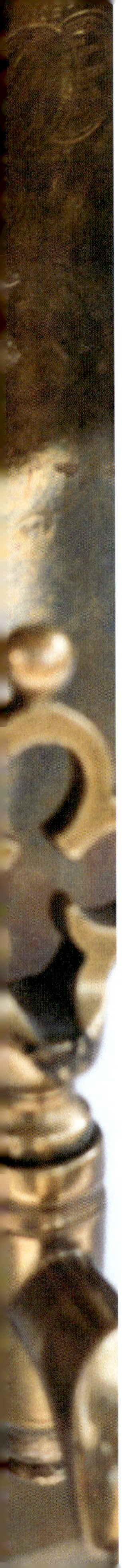

Wenn der Samowar summt

Ein Samowar gehört in jeden russischen Haushalt – aber wie eigentlich funktioniert er? Ist er eine Teemaschine, wie so oft in deutschen Lexika beschrieben, oder ein Wasserkocher? Fließt fertiger Tee aus ihm, sobald man den Hahn aufdreht, oder einfach nur heißes Wasser?

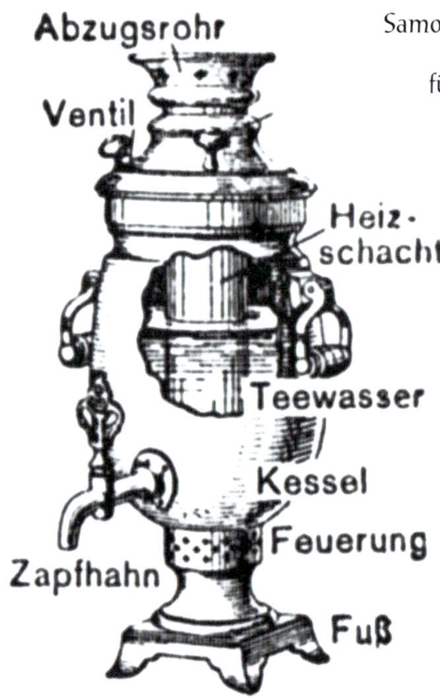

Die Funktionsweise des Samowars lässt sich rasch beschreiben: Der Samowar ist ein Gerät zum Erwärmen und Heißhalten des Wassers für den Tee. Er besteht aus einem Kessel, der im Inneren von einer Heizröhre durchzogen wird. Geheizt wird in der darunter angebrachten Brennstelle mit langsam verglimmender Holzkohle, auch mit Birkenrinde und Tannenzapfen. Ist das Wasser eingefüllt und das Brennmaterial angezündet, dauert es etwa zehn bis fünfzehn Minuten, bis das Wasser siedet. Auf das Heizungsrohr wird nun ein Deckel aufgesetzt, die Glut hält das Teewasser stundenlang in einer Temperatur unter dem Siedepunkt – gerade so, wie es für die richtige Teezubereitung erforderlich ist.

Vielfältig waren und sind die Größen und Formen des Samowars, der Grundaufbau blieb stets gleich.

Tee erleuchtet
den Verstand,
schärft die Sinne,
verleiht Leichtigkeit und Energie
und vertreibt
Langeweile und
Verdruss.

Chinesisches Sprichwort

In diesem Heißhalten des Wassers liegt der hohe praktische Wert des Samowars, denn nur so konnte sich das russische Teezeremoniell entwickeln. Während das Anheizen des Samowars in Russland traditionell Aufgabe des Hausherrn ist, liegt das weitere Zeremoniell in den Händen der Dame des Hauses oder der ältesten Tochter. Sie bereitet in einem mit heißem Wasser ausgespülten Porzellan-Kännchen den Tee-Sud vor. Teeblätter werden dazu mit kochendem Wasser übergossen, die Kanne mit einem Tuch bedeckt und zum Warmhalten auf den Samowar gestellt. Für 10 Gramm Tee rechnet man

Samowar der Firma N. Malikow, Tula, von 1840. Sammlung des Staatlichen Russischen Museums St. Petersburg

BELIEBTES MOTIV FÜR SAMOWARFORMEN IST DER HAHN. HIER EIN HISTORISCHES STÜCK IN KUNSTVOLL NATÜRLICHER DARSTELLUNG AUS DEM 19. JAHRHUNDERT

$\frac{1}{4}$ Liter Wasser; nach drei bis fünf Minuten haben die Teeblätter ihr Aroma entfaltet. Die Hausfrau schenkt den Sud in die Tasse oder das Glas und dazu je nach Belieben »kipjatok« (Wasser) aus dem Samowar. In der Regel füllt man den Sud im Verhältnis 1:4 mit heißem Wasser auf. Wer den Tee etwas dünner haben möchte, bekommt etwas weniger von der Tee-Essenz und etwas mehr Wasser. Im 19. Jahrhundert nannte man diese helle Tee-Version »offizerskij tschaj«. Die Beigaben zum Tee stehen auf dem Samowar-Tisch: Kandiszucker und Konfekt, Honig und Warenjie, Gebäck und Kringel. Und natürlich Sahne zum »tschaj so sliwkami«. Das Teetrinken kann beginnen ...

Samowar von 1870, Materialmix aus Kupfer, Guss, Elfenbein und Glas. Sammlung Staatliches Russisches Museum St. Petersburg

Der Weg zum Himmel führt an der Teekanne vorbei.

Russisches Sprichwort

Als Teesorte für den Samowar eignet sich am besten ein nicht zu hochwertiger Broken-Tee aus einem Anbaugebiet, das vom Teekenner bevorzugt wird. In Russland sind heute milde China-Tees und Darjeelings beliebt.

Tee-Tipps

- Soll der Tee wirklich schmecken, ist die Wasserbeschaffenheit wichtig. Weiches Wasser ergibt guten Tee.
- Der Wasserkessel sollte emailliert, aus rostfreiem Stahl oder Kupfer sein.
- Stets frisches Wasser aus dem Kaltwasserhahn verwenden und den Tee aufgießen, sobald das Wasser sprudelnd kocht. Grünen Tee nur mit heißem, also nicht kochendem Wasser aufgießen.
- Tee in kleinen Mengen kaufen und licht- und luftgeschützt in gut verschlossenen Behältern aus Glas oder Porzellan aufbewahren.
- Die Wahl der Teesorte ist Geschmacksache. Am besten ist es, man beginnt mit einfachen Sorten und tastet sich allmählich an die feineren Tees heran. Die Tee-Fachgeschäfte bieten meist Tee-Mischungen an, die sich besonders für den Samowar eignen.
- Die Teekanne stets nur mit heißem Wasser ausspülen und vor dem Gebrauch anwärmen. Es eignen sich Kannen aus Porzellan, glasierter Keramik, Silber oder Glas, die nur für Tee verwendet werden.
- Bei der Zubereitung nicht mit Tee geizen: ein guter Teelöffel pro Person und einen »für die Teekanne«.

- Der Tee sollte nicht länger als 5 Minuten ziehen – es sei denn, man möchte einen beruhigenden Abendtee.
- In Russland wird der Tee meist aus Teegläsern getrunken. Werden Teetassen verwendet, sollten sie aus feinem Porzellan oder glasierter Keramik bestehen.
- Wird der Samowar verwendet, erübrigt sich ein Warmhalten des Tees. Ansonsten tut eine Teehaube gute Dienste. Vorsicht mit Stövchen, denn der Tee darf niemals in der Kanne nachkochen.

»Alles im Hause war streng geregelt: Tee und Zucker wurden getrennt verwahrt, doch brühte man den Tee gemeinsam auf, und jedes Mal fragte der Grossvater besorgt: ‚Halt, warte mal – wie viel hast du hineingetan?'
Er schüttete die Teeblätter auf die flache Hand, zählte sie gewissenhaft nach und meinte: ‚Dein Tee ist feiner als der meine; ich brauche also nicht soviel zu nehmen, er ist ja ergiebiger, grossblättriger.' Er achtete genauestens darauf, dass die Grossmutter ihm und sich selbst gleichstarken Tee eingoss und sie gleich viele Tassen tranken.«

Maksim Gorkij, »Meine Kindheit« (1913)

Isaak Lewitan, Goldener Herbst. Im Dorf, 1889

Konstantin Juon, Feiertag, 1903

»... beim teegefüllten Glase, am Zucker knabbernd in Ekstase ...« (Puschkin)

Die rechte Zeit zum Teetrinken liegt zwischen dem Mittag- und Abendessen, häufig auch im Anschluss an das Mittagsmahl. Die Familie versammelt sich um den Samowar, man lädt Verwandte und Nachbarn ein, Freunde kommen zu Besuch. Aber es gibt auch keine unrechte Zeit zum Teetrinken. Tee-Zeit ist in Russland eigentlich immer.

Das russische Teezeremoniell beginnt bereits mit dem Anheizen des Samowars: Es riecht nach brennenden Spänen und würziger Holzkohle, der Samowar beginnt zu dampfen und verströmt eine Atmosphäre entspannter Geselligkeit.

Ist der Tee ausgeschenkt, beginnen die Erzählungen und Diskussionen. Der Tee trägt dazu bei, dass die Erzähler leidenschaftlicher und die Zuhörer aufmerksamer werden. In früheren Zeiten, während des autoritären Zarenregimes in Russland, konnten die Untertanen ihren Unmut nur in den eigenen vier Wänden äußern, im Dunstkreis des Samowars.

»Na, trink wenigstens eine Tasse Tee, mein Junge. Ach du lieber Herrgott! Er kommt von weither angereist, und sie bieten ihm nicht einmal ein Tässchen Tee an! Lisa, geh, sorg dafür, aber mach rasch.«

Iwan Turgenjew, »Ein Adelsnest« (1859)

»... beim teegefüllten Glase, am Zucker knabbernd in Ekstase ...« – in dieser Atmosphäre entflammte wohl auch manch entzündlicher Gedanke, zumal bei romantischen Gemütern und so leidenschaftlichen Teetrinkern wie Alexander Puschkin.

Das Teetrinken kann Stunden dauern. Die Hausherrin bewirtet die Gäste mit selbstgebackenem Kuchen, Konfitüre und anderen Süßigkeiten, sie lädt zum »tschaj s warenjiem«. Dabei reicht man Früchte zum Tee, die mit einem Löffel in den Mund geführt und dann mit Tee umspült werden. Warenjie, eine Konfitüre, versüßt auf diese Weise den Teegenuss. Die Früchte kommen in kleinen Tee- oder Keramikschalen auf den Tisch, während der Tee mitunter auf die Untertasse gegossen wird, um den Duft des edlen Getränkes auch ganz einatmen zu können.

Später gibt es zum Tee auch Wein, Kognak und Likör. Und haben dann nach langer Zeit alle genug Tee getrunken, zeigen sie dies an, indem sie ihr leeres Teeglas umgestülpt auf den Tisch stellen.

Konstantin Juon, Tag der Heiligen Dreieinigkeit, 1903

Vom starken Tee wird das Herz warm wie von einem guten Wort.

Russisches Sprichwort

Aber nicht nur daheim gibt es das Teezeremoniell, sondern auch unterwegs. Wie könnte es auch anders sein in einem so unendlich weiten Land? Wer wollte schon auf den langen Reisen durch ein Riesenreich auf seinen Tee verzichten?

»Als der Zug gegen Abend des zweiten Tages auf einer größeren Station längeren Aufenthalt hatte«, schreibt Lew Tolstoj 1889 in seiner Erzählung »Die Kreutzersonate«, »ging der nervöse Herr hinaus, um sich heißes Wasser zu holen, und bereitete sich sodann Tee. Der Herr mit dem eleganten Handgepäck, ein Rechtsanwalt ... und seine Nachbarin ... begaben sich in das Stationsgebäude, um dort Tee zu trinken.« Wie sich der nervöse Herr seinen Tee bereitet, wird nicht beschrieben, denn Tolstoj durfte bei seinen Lesern Kenntnisse darüber voraussetzen. Auf Reisen führte man zu dieser Zeit einen »tschajnik« mit sich, ein Kännchen mit Tee, das man auf den Bahnstationen mit heißem Wasser, dem »kipjatok«, auffüllte. Die Teeblätter trug der Reisende in Papier gewickelt bei sich, ebenso ein dickwandiges Teeglas und ein paar Stück gehobelten Hutzucker. Diese wurden herumgereicht, jeder biss sich ein Stückchen ab.

Auch heute noch kann sich der Reisende seinen Tee während der Bahnfahrt selbst zubereiten. In jedem Waggon steht ein Elektro-Samowar, und die »prowodniza« bereitet Tee zu.

»Der Wind pustet träge den Rauch der Lokomotive auseinander, und die Büsche, auf die sich dieser Rauch senkt, scheinen zu dampfen und über dem verschneiten Feld zu schweben ... Ausser mir und dem Polizeihauptmann, der übrigens bald auf einer Ausweichstelle aussteigen wird, ist nur ein Passagier im Wagen: Ein stämmiger bärtiger Alter – Mitglied eines Eisenbahnartels – mit einem Beutel über der Schulter, der einem Krämer aus der Kreisstadt gleicht. Zigarettendrehen und Teetrinken beschäftigen ihn unentwegt; den ganzen Morgen ist zu hören, mit welchem Genuss er die heisse Flüssigkeit aus der Untertasse schlürft. ‚Möchten Sie vielleicht?', fragt er und zeigt mit den Augen auf einen Blechkessel. ‚Weshalb sollte man auf den Bahnhöfen für ein Glas zehn Kopeken bezahlen!' ... Dann trinke ich mit dem Artelmitglied Tee und mache dann einen Gang durch die Wagen und Gänge. Es ist äusserst angenehm, den in der Luft flimmernden Schnee zu betrachten: Es riecht nach dem echten Russland!«

Iwan Bunin, »Die neue Strecke« (1901)

Walentin Serow, Winter in Abramzewo, 1886

Höllisch stark und bitter: Samowar-Tee

Der Tee wird von den Völkern Russlands und der angrenzenden Staaten traditionell auf recht unterschiedliche Art und Weise zubereitet.

Tee nach altrussischer Art

8 Teel. schwarzer Tee • Zucker • Zitrone.

Teeblätter in eine erwärmte trockene Teekanne geben. Mit ½ Liter siedendem Wasser in drei Etappen aufgießen. Kannenhals zustöpseln, Kanne auf dem Samowar warm stellen. Etwas Tee-Extrakt ins Teeglas füllen und mit heißem Wasser aus dem Samowar auffüllen. Zucker und Zitrone nach Geschmack zufügen.

Russischer Tee

8 Teel. schwarzer Tee • Milch • Würfelzucker • kandierte Früchte oder Konfitüre.

Den Tee in eine vorgewärmte Kanne geben und mit ½ Liter kochendem Wasser aufgießen. Fünf Minuten ziehen lassen, in eine andere Kanne abgießen und auf dem Samowar warm stellen. Tee-Extrakt in die Gläser geben und mit heißem Wasser aus dem Samowar auffüllen. Milch oder Sahne und Zitrone hinzufügen. Den Würfelzucker im Mund behalten und den Tee schlürfen. Als Beigabe kandierte Früchte reichen.

Russischer Früchtetee

SCHWARZER TEE • KANDIERTE FRÜCHTE ODER KONFITÜRE.

Einem kräftigen Teeaufguss kandierte Früchte oder Konfitüre zufügen.

Kalmückischer Tee

12 TEEL. SCHWARZER TEE • 2 LITER MILCH • SALZ.

Den Tee mit $\frac{1}{2}$ Liter kaltem Wasser ansetzen und zum Kochen bringen, die Milch und etwas Salz zufügen. Das Gemisch 10 Minuten brodelnd kochen, dann durch ein feines Sieb gießen und den gekochten Tee ausdrücken. Man kann diesen Tee auch ausschließlich mit Milch zubereiten.

Wassili Polenow, Moskauer Hof, 1878

Kasachischer Tee

4 bis 5 Teel. schwarzer Tee • ½ Liter heiße süsse Sahne oder Milch.

Den Tee mit ½ Liter kochendem Wasser brühen. Nach etwa 3 Minuten die süße Sahne zugeben, gut umrühren und durch ein Sieb in eine andere Kanne umgießen. Nach 2 Minuten »Ruhezeit« ist das Getränk fertig.

Tee auf Kirgisenart

½ Liter Milch • 1 Stückchen Vanillestange • 3 gehäufte Teel. schwarzer Tee • Zucker.

Die Milch aufkochen, Vanille und Tee zugeben und so lange ziehen lassen, bis die Milch bräunlich aussieht. Tee durch ein Sieb gießen und nach Geschmack süßen.

Kirgisischer Festtagstee

½ Stange Zimt • 5 Nelken • Schale einer halben Apfelsine • 3 Teel. schwarzer Tee • Saft einer halben Zitrone und einer Apfelsine • Würfelzucker.

Zimt und Nelken in ein Säckchen binden und mit der Apfelsinenschale in 4 Tassen kochendes Wasser geben. Bei kleiner Flamme 10 Minuten ziehen lassen, dann Tee, Zitronen- und Apfelsinensaft zugeben. 3 Minuten ziehen lassen, in Tassen abgießen und mit Würfelzucker servieren.

Grusinischer Imkertee

3 Tassen starker schwarzer Tee • 1 Tasse Bienenhonig • 1 Tasse Wodka.

Tee, Bienenhonig und Wodka zusammen verrühren und erhitzen, aber nicht kochen. Nach Belieben mit einer Prise Vanillinzucker würzen. In kleinen Gläsern servieren.

Elektrischer Kugel-Samowar des Werkes Arsenal in St. Petersburg von 1995.
Privatsammlung Anton Groß, Leipzig

»Guter« russischer Tee

SCHWARZER TEE • ARRAK • RUMKIRSCHEN • ZUCKER.

In den am Samowar zubereiteten russischen Tee einen Schuss Arrak geben, dazu nach Belieben in Rum getränkte Kirschen. Mit Zucker süßen.

Tee Nikolaschka

SCHWARZER TEE • WEINBRAND • ZITRONENSCHEIBE • ZUCKER.

Ein größeres Schnapsglas zur Hälfte mit starkem schwarzen Tee füllen, dann Weinbrand dazugeben. Auf das Glas eine Zitronenscheibe legen, darauf kommt ein Häufchen Zucker. Beim Trinken die Zitronenscheibe im Mund behalten, die Flüssigkeit soll darüberlaufen.

Tee lässt sich mit alkoholischen Getränken bzw. in Alkohol eingelegten Früchten verfeinern und bekommt dadurch »Pfiff«.

Tee mit Wodka und Kaviar

6 TEEL. TEE • ZUCKER • ZITRONEN • WODKA • KAVIAR.

Den Tee mit ½ Liter kochendem Wasser zubereiten. Zucker und hauchdünne Zitronenscheiben hineingeben. Dazu ein Gläschen Wodka servieren sowie schwarzen oder weißen Kaviar auf Eis. Evtl. mit gehackten harten Eiern und warmem Toast ergänzen.

Fässchen-Samowar »Shiguli«, 1977. Privatsammlung Anton Groß, Leipzig

Ukrainischer Tee mit Rotwein

Je Glas 50 ml Rotwein • 1 Teel. Tee • Zucker • Zimt • 1 Nelke.

Rotwein, Zucker, Zimt und Nelke bis kurz vor dem Kochen erhitzen. Danach den Glühwein in das Glas mit heißem starken Tee seihen und servieren.

Russischer Tee mit Rotwein

10 g Tee • 120 g Zucker • ¼ Liter Rotwein.

Mit ¾ Liter Wasser einen starken Tee bereiten und durch ein Sieb gießen. Zucker und Rotwein zugeben, zum Kochen bringen, in Gläser gießen und sofort servieren.

Erfrischungstee

1 grosse Zitrone • 2 bis 3 Essl. Traubenzucker • ¾ Liter schwarzer Tee • 1 Schuss Rum oder Wein.

Zitronensaft und Traubenzucker in einer Kanne verrühren und mit heißem Tee übergießen. Nach Belieben einen Schuss Rum oder Wein zufügen.

Samowargesumm

½ Liter schwarzer Tee • ¼ Liter Rotwein • Zucker.

Angewärmte Teegläser zu zwei Drittel mit heißem Tee und einem Drittel mit erhitztem, nicht aufgekochten Rotwein füllen. Nach Geschmack süßen und sofort servieren.

Russischer Sekttee

4 Teel. schwarzer Tee • 200 g Zucker • Saft von einer halben Zitrone

Schale von 1 Zitrone • 1 Flasche Sekt.

Den Tee mit $\frac{1}{4}$ Liter kochendem Wasser aufbrühen und nach 5 Minuten abseihen. Zucker, Zitronensaft und die Zitronenschale zugeben. Den Tee kalt stellen, dann in eine Bowle füllen, noch einige Zitronenscheiben einlegen und mit eisgekühltem Sekt aufgießen.

Tee »Tschechow«

1 Weinglas Cherry oder Madeira • heisser schwarzer Tee.

Cherry oder Madeira in ein hohes Glas gießen und heißen schwarzen Tee dazugeben.

Tee mit Rum

3 Teel. Jasmintee • 3 Likörgläser Rum • Kandiszucker.

Mit $\frac{1}{2}$ Liter kochendem Wasser Tee bereiten. In Gläser gießen, mit Rum auffüllen und mit Kandiszucker süßen.

Westsibirischer Teecreme-Drink

4 Eigelb • 4 Essl. Zitronensirup • 4 Gläser Wodka

$\frac{1}{2}$ Liter schwarzer Tee.

Eigelb, Zitronensirup und Wodka schaumig schlagen und unter ständigem Rühren mit dem frisch aufgebrühten, abgeseihten Tee auffüllen.

Elektrischer Sputnik-Samowar, der nach dem von der UdSSR am 4.10.1957 gestarteten Sputnik 1 in geringer Anzahl gefertigt wurde. Sammlung Anton Groß, Geschenk von L. Babin, Moskau

Tee mit Arrak

8 Teel. schwarzer Tee • Zitronen • Zucker • Arrak.

Den Tee mit 1 Liter kochendem Wasser aufbrühen und abgießen. Vor dem Servieren in jedes Glas einen Teelöffel Zitronensaft, 1 bis 2 Teelöffel Zucker und einen Schuss Arrak geben. Eiswürfel dazu und mit Tee auffüllen.

Tee mit Gin

12 Teel. schwarzer Tee • 60 g Zucker • Zitrone • Gin.

Den Tee mit ½ Liter Wasser zubereiten, Zucker hineingeben. In jedes Teeglas etwa zur Hälfte Eiswürfel füllen, etwas Zitronensaft zugeben und heißen Tee-Extrakt aufgießen. Je Glas 2 Teelöffel Gin zugeben, eine Zitronenscheibe auf den Rand stecken. Mit Trinkhalm servieren.

Ursprünglich musste Punsch aus fünf Kostbarkeiten bestehen: Arrak, Zitrone, Gewürz, Zucker und Tee. Heute sind die Regeln nicht mehr so streng – Hauptsache, es schmeckt.

Russischer Teepunsch

2 Essl. schwarzer Tee • Schale und Saft von einer halben Zitrone • ¼ Liter kräftiger Rotwein • 8 bis 10 Stück Würfelzucker • Schale von 1 Apfelsine • ⅛ Liter Rum.

Den Tee mit ½ Liter kochendem Wasser aufbrühen, 5 Minuten ziehen lasen und dann abgießen. Die Zitronenschale in den Tee geben. Inzwischen den Wein mit dem Würfelzucker, mit dem die Apfelsinenschale abgerieben wurde, kurz erhitzen, aber nicht aufkochen. Sobald der Zucker aufgelöst ist, den Tee in den heißen Wein gießen und den Rum zufügen. Den Punsch sehr heiß servieren.

Brennender Teepunsch

8 Stück Würfelzucker • Schale von 1 Apfelsine • 1 Liter schwarzer Tee • ½ Liter Rum
½ Liter Weinbrand • Saft von ½ Zitrone • 500 g Zucker.

Mit dem Würfelzucker die Apfelsinenschale abreiben und im heißen Tee auflösen. Rum, Weinbrand und Zucker verrühren, in einer Terrine anzünden, mit Tee und Zitronensaft aufgießen und anrichten. Versierte Gastgeber bereiten diesen Punsch am Tisch zu. Vorsicht, es eignen sich nur Terrinen aus starkem Porzellan!

Eier-Tee-Punsch

6 Teel. schwarzer Tee • 2 Eigelb • 35 g Zucker • Rum • Muskatnuss.

Den Tee mit 1/2 Liter kochendem Wasser aufbrühen, 5 Minuten ziehen lassen und abgießen. Eigelb und Zucker schaumig schlagen, Rum nach Geschmack zugeben und die Masse in den heißen Tee rühren. Die vorgewärmten Punschgläser damit füllen und mit etwas geriebener Muskatnuss überstäuben.

Wein-Tee-Punsch

3 Teel. schwarzer Tee • ½ Zitrone • 1 Flasche Weisswein
½ Flasche Rum • 120 g Zucker.

Den Tee mit ¼ Liter kochendem Wasser brühen, 5 Minuten ziehen lassen und abgießen. Mit Zucker und abgeriebener Zitronenschale würzen. Mischung in ein Punschgefäß seihen. Wein und Rum zugeben und alles bis kurz vor dem Siedepunkt erhitzen.

Elektrischer Kugel-Samowar, 1981. Privatsammlung Anton Groß, Leipzig

Trink ein Teechen – und vergiss den Kummer!

Russisches Sprichwort

Gewürz-Tee-Punsch

⅜ Liter Rotwein • ½ Liter schwarzer Tee • 50 g Zucker • 2 Nelken

1 Stück Zimtrinde • etwas Zitronenschale.

Rotwein und schwarzen Tee bis knapp ans Kochen bringen. In ⅛ Liter Wasser Zucker und Gewürze mehrfach aufkochen lassen und dann zu dem Teewein seihen.

Rotweinpunsch mit Kandis

3 Teel. schwarzer Tee • 150 g weisser Kandis • 3 Nelken

etwas Stangenzimt • 1 Zitrone • 1 Flasche Rotwein.

Den Tee mit ¼ Liter Wasser zubereiten, 5 Minuten ziehen lassen, abgießen und mit dem Kandis, den Nelken, dem Zimt und dem Saft der Zitrone aufkochen. Rotwein dazugeben, nochmals erhitzen und heiß servieren.

Der Grog, ein heißes Getränk aus Rum, Zucker und Wasser, wird heute auch mit Weinbrand oder Arrak und Tee zubereitet.

Tee-Extrakt für Grog

3 gehäufte Teel. schwarzer Tee • ½ Liter Weinbrand oder Rum • Zucker.

Den Tee mit dem Alkohol übergießen und etwa 8 Tage kühl stellen. Durchseihen und nach Geschmack süßen. In eine Flasche füllen und verkorken. 2 Esslöffel vom Extrakt genügen für ein Glas Grog.

Fischer-Grog

6 Teel. schwarzer Tee • $\frac{1}{8}$ Liter Weinbrand • $\frac{1}{8}$ Liter Rum • Schale von $\frac{1}{2}$ Zitrone

Saft von 2 Zitronen • Honig.

Den Tee mit $\frac{1}{2}$ Liter kochendem Wasser aufbrühen, nach 5 Minuten abgießen. Inzwischen Weinbrand und Rum mit der dünn abgeschälten Zitronenschale kalt ansetzen, den Zitronensaft zugeben. Mischung in den heißen Tee gießen und mit Honig süßen.

Tee-Grog

12 Teel. schwarzer Tee • $\frac{1}{4}$ Liter Arrak oder Rum • 200 g Zucker • 2 Zitronen.

Den Tee mit 1 Liter Wasser aufbrühen und nach 5 Minuten abgießen.

Den Zucker in $\frac{1}{2}$ Liter kochendem Wasser auflösen, mit Tee und Arrak vermischen.

Einige Zitronenscheiben zugeben.

Auch Bowle lässt sich mit Tee zubereiten.

Wermut-Tee-Bowle

2 Zitronen • 1 Flasche Wermut • 1 Schuss Gin • ½ Liter kalter schwarzer Tee • Zucker Mineralwasser.

Die Zitronen in Scheiben schneiden, mit dem Wermut sowie dem Gin übergießen. Den vorher zubereiteten und inzwischen abgekühlten Tee (3 Teel. Tee auf 1 Tasse Wasser) zugeben und kalt stellen. Vor dem Servieren die Zitronenscheiben herausnehmen und Zucker unterrühren. Jedes Glas halb füllen, Mineralwasser aufgießen.

Rotwein-Tee-Bowle

½ Liter kalter schwarzer Tee • 1 Flasche Rotwein • Zucker.

Den gut gekühlten Tee mit Rotwein mischen und mit Zucker abschmecken.

Zitrus-Tee-Bowle

2 gehäufte Essl. schwarzer Tee • ½ Teel. gemahlener Zimt • ½ Teel. geriebener Muskat ½ Teel. gemahlenes Piment • 1 ½ Tassen Zucker • 1 Tasse Birnen-Orangen-Saft ½ Tasse Zitronensaft • ½ Liter Heidelbeersaft • Eiswürfel • 1 Liter Mineralwasser.

Den Tee mit 1 Liter kochendem Wasser und den Gewürzen brühen, 4 Minuten ziehen lassen, umrühren und in ein Bowlegefäß abseihen. Zucker und die eisgekühlten Säfte zufügen. Kurz vor dem Servieren der Bowle mit Eiswürfeln und Mineralwasser den letzten Schliff geben.

Ananas-Tee-Bowle

12 Teel. schwarzer Tee • 1 Dose Ananas • 200 g Zucker • 5 Zitronen.

Den Tee mit 1 Liter kochendem Wasser aufbrühen, 5 Minuten ziehen lassen, abgießen und kalt stellen. Ananas auf ein Sieb geben und abtropfen lassen. Den Saft von 4 Zitronen und den Ananassaft unter den Tee rühren. Ananas in Stücke, 1 Zitrone in feine Scheiben schneiden und in den Tee geben. Mit dem Zucker abschmecken und mit reichlich Eiswürfeln servieren.

Zwar soll nichts besser kühlen als heißer Tee, an warmen Tagen schmeckt aber auch kalter Tee köstlich.

Kalter Tee

Schwarzer Tee • Zucker • Zitronen- oder Apfelsinenscheiben.

Starken Tee brühen, in ein Kännchen abseihen, zuckern und abkühlen lassen. Mit Eisstückchen, Zitronen- oder Apfelsinenscheiben servieren.

Je ¼ Liter kaltem Tee können auch 2 Essl. Weintraubensaft, Sauerkirschsaft oder Johannisbeersaft zugesetzt werden.

Kalter Zitronentee

Starker schwarzer Tee • hauchdünn geschnittene Zitronenschale

1 Teel. Zitronensaft je Tasse • Honig.

Den heißen Tee mit den anderen Zutaten mischen, nach Geschmack mit Honig süßen und kühlen. Kalt servieren.

Vitamingetränk

6 Teel. schwarzer Tee • ½ Liter schwarzer Johannisbeersaft

1 Flasche Mineralwasser • Zucker.

Tee mit ½ Liter kochendem Wasser überbrühen, 5 Minuten ziehen lassen, abgießen und kalt stellen. Saft und Tee zu gleichen Teilen in Limonadengläser füllen, so dass die Gläser etwa zur Hälfte gefüllt sind. Gut gekühltes Mineralwasser zugießen, nach Geschmack süßen und mit Eiswürfeln servieren.

Apfeltee

½ Liter kalter schwarzer Tee • ¼ Liter Apfelsaft • Zucker • Zitronensaft.

Tee und Apfelsaft mischen, Zucker und Zitronensaft nach Geschmack zufügen.

Erdbeertee

½ Liter kalter schwarzer Tee

4 Essl. Erdbeersirup

1 Essl. Zitronensaft • Zucker.

Zutaten mischen und nach Geschmack süßen. Statt Erdbeersirup kann auch Erdbeermost oder frischer Erdbeersaft verwendet werden.

Samowar aus der Zeit 1830-1840. Privatsammlung St. Petersburg

Roter Johannisbeertee

¼ Liter roter Johannisbeermost • 2 Essl. Kirschsirup • 1 Essl. Erdbeersirup

¼ Liter kalter schwarzer Tee.

Zutaten mischen und gut gekühlt servieren. Besonders erfrischend wird das Getränk, wenn noch Mineralwasser zugegeben wird.

Orangentee

4 Teel. schwarzer Tee • abgeriebene Schale einer halben Apfelsine • Zucker • Apfelsinensaft.

Den Tee mit ½ Liter kochendem Wasser brühen und zusammen mit der Apfelsinenschale einige Minuten ziehen lassen. Nach Geschmack süßen. Den Aufguss durchseihen, in Gläser füllen und in jedes Glas etwas Apfelsinensaft spritzen.

Wermuttee

10 g Tee • 100 g Zucker • 150 ml Wermut • ½ Zitrone

Mit ¾ Liter Wasser Tee bereiten, abkühlen lassen und süßen. Wermut zugeben und umrühren. In Pokal- oder Stielgläser gießen, je eine Scheibe Zitrone und einen Eiswürfel zufügen und servieren.

Teelimonade

½ Liter kalter schwarzer Tee • 1 Zitrone • ½ Flasche Weisswein oder Apfelwein

4 bis 5 Essl. Zucker oder Honig • Eiswürfel.

Alle Zutaten gut verrühren und auf in Gläser gefüllte Eiswürfel gießen. Nach Belieben mit Mineralwasser spritzen.

Tee-Mix

½ Liter kalter schwarzer Tee • 2 Likörgläser Rum • ¼ Liter kalte Milch • Zucker.

Den Teeaufguss mit Rum und Milch mischen. Nach Geschmack süßen.

Tee-Knickebein

1 Eigelb • 1 Essl. Zitronensaft • 1 Tasse kalter schwarzer Tee

1 ½ Essl. Zucker • 1 Schuss Rum • 1 Tasse eisgekühlte Milch.

Eigelb, Zitronensaft, Tee und Zucker gut verrühren. Den Rum zugießen und mit Milch auffüllen.

Kalter Eiertee

12 Teel. schwarzer Tee • Kognak • 4 Essl. Zucker • 3 Eier • Muskatnuss.

Den Tee mit 1 Liter kochendem Wasser aufbrühen, 5 Minuten ziehen lassen, abgießen und kalt stellen. In einen Mixbecher etwas Eis, 3 Gläschen Kognak, die Eigelb und den Zucker geben. Alles kräftig schütteln, in Gläser seihen, mit kaltem Tee auffüllen und mit Muskatnuss überreiben.

Tee-Shake

1 Ei • 2 Likörgläser Rum oder Weinbrand • 2 Teel. Staubzucker oder Zitronensirup

$\frac{1}{2}$ Tasse kalter schwarzer Tee • $\frac{1}{2}$ Tasse Kaffeesahne.

Die Zutaten mit einigen Eiswürfelchen gut schütteln und in ein Glas seihen.

Kalte Tee-Milch

6 Teel. schwarzer Tee • 1 Liter Milch • $\frac{1}{2}$ Liter Schlagsahne • Zucker

Rum oder Weinbrand.

Den Tee mit der Milch aufbrühen, 5 Minuten ziehen lassen, abseihen, nach Geschmack süßen und erkalten lassen. Sahne zugeben, mit Rum oder Weinbrand abschmecken. Mit Eis im Glas servieren.

Wer den Tee besonders kalt mag, der sollte Eistee und Tee-Eis probieren.

Eistee

4 Tassen starker schwarzer Tee • 4 Essl. Zucker • 4 Essl. Zitronensaft • Eiswürfel.

Zu dem Tee Zucker und Zitronensaft geben und kalt stellen. Beim Auftragen über Eiswürfel gießen.

Staatsmännern und anderen hohen Persönlichkeiten überreicht man auch heute noch wertvolle Samowar-Sonderanfertigungen. Im Bild: Luxus-Samowar, Werk Schtamp, Tula

Gewürzter Eistee

2 Essl. schwarzer Tee • 1 Teel. Ingwerpulver • 1 Stange Zimt

4 Nelken • 1 Teel. Pfefferminztee • Zucker • Saft von 3 Zitronen • Eiswürfel.

Tee mit ½ Liter kochendem Wasser zusammen mit Gewürzen und Pfefferminztee brühen. 6 Minuten ziehen lassen, Mischung umrühren und durch ein Sieb gießen. Tee nach Geschmack süßen, mehrere Stunden kalt stellen. Vor dem Anrichten Zitronensaft zugeben. Das Getränk über Eiswürfel in hohe Limonadengläser gießen. Nach Belieben mit etwas Mineralwasser spritzen.

Gewürzte Eiswürfel

½ Stange Zimt • 2 bis 3 Nelken • 4 bis 6 Teel. schwarzer Tee • 4 Essl. Zitronensirup

Maraschinokirschen.

½ Liter Wasser etwa 5 Minuten mit Zimt und Nelken kochen. Sud über den Tee gießen und 5 Minuten zugedeckt ziehen lassen. Tee durchseihen, Zitronensirup zugeben und erkalten lassen. Inzwischen in jedes Fach der Eiswürfelform eine halbe Maraschinokirsche legen, den kalten Tee aufgießen und ins Tiefkühlfach stellen. Diese Eiswürfel sind besonders für Eistee geeignet.

Erdbeer-Eistee

2 Teel. schwarzer Tee • 1 Paket gezuckerte Gefriererdbeeren • Saft von 1 Zitrone

2 Tassen Mineralwasser • Eiswürfel.

Mit 2 ½ Tassen kochendem Wasser Tee brühen, 5 Minuten ziehen lassen, umrühren und abseihen. Aufgetaute Erdbeeren und Zitronensaft zugeben. Gut kühlen, Mineralwasser zugießen und sofort in hohen Gläsern mit Eiswürfeln servieren.

Wenn du ein gutes Weib hast, einen Borschtsch und einen kräftigen Tee, kannst du mit deinem Leben zufrieden sein.

Kaukasisches Sprichwort

Orangen-Eistee

4 Portionen Apfelsinen- oder Mandarineneis • ½ Liter kalter schwarzer Tee

Zucker • Schlagsahne • Apfelsinen- oder Mandarinenspalten.

In die Teegläser je 1 Kugel oder 2 Esslöffel Apfelsineneis geben und den leicht gesüßten Tee aufgießen. Obenauf eine Schlagsahnehaube setzen und mit einer Apfelsinenspalte garnieren.

Minz-Eistee

8 Teel. schwarzer Tee • ¼ Liter Zitronensaft

Gewürznelken

1 Aufgussbeutel Pfefferminztee • 200 g Zucker oder weisser Kandis.

Den schwarzen Tee und den Pfefferminztee mit 1 Liter kochendem Wasser aufbrühen, 5 Minuten ziehen lassen, abgießen bzw. den Teebeutel herausnehmen. Zitronensaft und Zucker zugeben, verrühren und abkühlen lassen.

In Gläsern mit Eiswürfeln servieren.

Samowarformen sind oft von der Natur (Tiere, Pflanzen) inspiriert

Sahne-Eistee

10 Teel. schwarzer Tee • Zucker • ½ Liter Schlagsahne.

Den Tee mit ½ Liter kochendem Wasser aufbrühen, 4 Minuten ziehen lassen, abgießen und süßen. In jedes Glas 3 Eiswürfel und 2 Esslöffel Sahne geben, Tee-Extrakt darauf gießen und ein Schlagsahnehäubchen aufsetzen.

Eis am Stiel aus grünem Tee und Rosenblättern

1 ½ Essl. grüner Tee • 50 g kleine unbehandelte Rosenblätter.

Mit 700 ml Wasser Tee bereiten und 5 Minuten ziehen lassen. Eisformen locker mit Rosenblättern füllen, Tee zugeben. Im Gefrierfach 30 Minuten gefrieren lassen, dann Holzstäbchen in die Mitte der Eisformen stecken. Weiter gefrieren lassen, bis die Masse fest ist und servieren.

Apfelsinen-Tee-Eis

8 Teel. schwarzer Tee • ½ Liter Schlagsahne • 3 Apfelsinen • 2 Eier • Zucker.

Den Tee mit 1 Liter kochendem Wasser aufbrühen, 5 Minuten ziehen lassen, abgießen. Die Schlagsahne, den Saft der Apfelsinen, die verquirlten Eigelb und nach Geschmack Zucker unter den Tee-Extrakt mischen. Abkühlen und im Gefrierfach erstarren lassen. In Gläser füllen und mit Schlagsahne servieren.

»Der Samowar brodelt vom frühen Morgen an. Wenn er einmal aufhört zu kochen, heisst man Sascha, glühende Kohlen nachzulegen. Immer steht ein Glas heissen Tees bereit.«

Bella Chagall, »Erste Begegnungen«

Isaak Lewitan, Häuschen mit Bruchweiden, frühe 80er Jahre des 19. Jahrhunderts

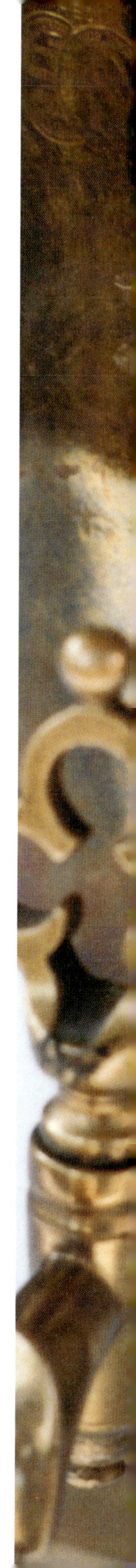

»Die Knaben kleideten sich an und gingen ins Esszimmer, wo es nach frischem Brot und süssen Milchbrötchen duftete und aus dem blankgeputzten Samowar ein solcher Dampf bis an die Decke stieg, dass die Fenster beschlugen.
Am Tisch sassen die Mutter, Arkadi Iwanowitsch und das Mädchen von gestern ... Lilja beachtete Nikita nicht weiter, nachdem sie ihn begrüsst hatte. Sie nahm eine grosse Teetasse mit beiden Händen, in die sie ihr Gesicht versenkte. Die Knaben setzten sich nebeneinander an den Tisch. Wiktor trank Tee wie ein kleines Kind, über die Tasse gebeugt, langsam Schluck für Schluck, mit gespitzten Lippen schlürfend. Verstohlen nahm er sich so viel Zucker, bis der Tee dick wurde, und erbat sich dann mit schmachtender Stimme etwas Wasser.«

Aleksej Tolstoj, »Nikitas Kindheit« (1920)

Was wäre Tee ohne Gebäck?

Kringel gehören unbedingt auf den Samowar-Tisch. Nach russischer Sitte werden sie auf eine Schnur gezogen und an den Samowar gehängt.

Moskauer Kringel

400 g Mehl • 4 Eigelb • 50 g Butter • 3 Essl. Zucker
3 Essl. saure Sahne • 10 g Hefe • 1 Prise Salz.

Die Butter zerlassen und 3 Eigelb und 2 Essl. Zucker einrühren. Die Hefe mit dem restlichen Zucker zerkrümeln und mit Mehl, saurer Sahne und Salz in die Buttermischung rühren. Einen festen Teig kneten und an einem warmen Ort gehen lassen. Kleine Kringel formen und auf ein gefettetes Backblech legen. Mit dem restlichen Eigelb bestreichen, mit etwas Zucker bestreuen und bei Mittelhitze ca. 30 Minuten backen.

Vorherige Seiten: M. F. Bortnikow, Stillleben mit Samowar, 1966
Oben: Samowar von 1840-1850, Firma N. Malikow, Tula. Privatsammlung St. Petersburg

Salzige Kringel

800 g Mehl • 2 Eier • 2 Essl. Butter • 40 g Hefe • Salz • Kümmel.

Das Mehl mit Wasser verrühren, bis ein fester Teig entsteht. In etwas warmem Wasser aufgelöste Hefe, Eier und Butter zufügen, verkneten und salzen. Den Teig gehen lassen. Kringel formen, noch einmal gehen lassen, dann das Gebäck mit einem Schaumlöffel kurz in kochendes Wasser tauchen. Auf ein gefettetes Backblech legen, mit Salz und Kümmel bestreuen und bei Mittelhitze ca. 30 Minuten backen.

Safrankringel

800 g Mehl • 8 Eigelb • 300 g Butter • 200 g Zucker • 50 g Hefe 100 g gehackte Mandeln • 100 g Rosinen • 100 g gehacktes Zitronat • 1 g Safran • 3/8 Liter Sahne • 1 Ei • Mandelblättchen.

Die Hefe in 1/4 Liter Sahne auflösen und in 400 g Mehl verrühren. Teig an einem warmen Ort gehen lassen. Eigelb mit Zucker schaumig schlagen, mit zerlassener Butter und dem in etwas Wasser aufgelösten Safran in den Teig rühren. Restliches Mehl, Mandeln, Rosinen, Zitronat und restliche Sahne einarbeiten und einen glatten Teig kneten. Kringel formen und auf ein gefettetes Blech legen. Noch etwas gehen lassen, dann mit verquirltem Ei bestreichen und mit Mandelblättchen bestreuen. Bei Mittelhitze ca. 30 Minuten backen.

Wiborger Kringel

500 g Mehl • 1/4 Liter Milch • 2 Essl. Butter • 30 g Hefe 100 g Zucker • Salz • Kardamom • Muskat.

Die Milch mit der Butter aufkochen, über das Mehl gießen, gut verrühren und abkühlen lassen. In etwas warmem Wasser aufgelöste Hefe, Zucker und Gewürze zufügen und einen festen Teig kneten, dabei evtl. noch etwas Mehl einarbeiten. Kringel formen und auf ein gefettetes Backblech legen, gehen lassen, dann bei Mittelhitze ca. 30 Minuten backen. Die noch heißen Kringel mit kochendem Wasser übersprühen und trocknen lassen.

Babas (Babkas) sind Kuchen, die mit verschiedenen Siruparten durchtränkt werden. Zum Tee passen besonders gut die kleinen, in Becherförmchen gebackenen Babas.

Baba mit Früchten

Hefeteig: 500 g Mehl • 2 bis 4 Essl. Zucker
2 bis 4 Essl. Butter oder Margarine • 1 bis 4 Eier • 10 g Hefe
¼ Teel. Salz • 60 ml Milch oder Wasser.

Aromatisierter Zuckersirup: 2 Essl. Zucker • 160 g Aprikosenmarmelade • 300 g frisches oder konserviertes Obst.

Zunächst einen Vorteig bereiten: Dazu die erwärmte Flüssigkeit, die Hefe sowie die Hälfte des Mehles verwenden. Vorteig warm stellen und 3 bis 3 ½ Stunden gehen lassen, bis an der Oberfläche Bläschen erscheinen. Dann den Teig bereiten. Dazu nach und nach die übrigen vorgewärmten Zutaten zugeben und das restliche Mehl einarbeiten, bis eine glatte Masse entstanden ist. Zum Schluss die erwärmte Butter oder Margarine zugeben. Teig warm stellen und weiter gehen lassen, dann in eine gefettete Ringform geben und nochmals 20 bis 30 Minuten gehen lassen. Danach 30 bis 40 Minuten bei 200°C backen. Die Baba 6 Stunden stehen lassen, dann mit dem aromatisierten Zuckersirup durchtränken und mit erhitzter Aprikosenmarmelade glasieren. In die Mitte des Ringes die Früchte legen.

Fünf-Liter-Kohlesamowar, Anfang des 20. Jahrhunderts, Tula. Privatsammlung Anton Groß, Leipzig

Baba mit Rum

Hefeteig (siehe voriges Rezept) • 250 g Rosinen • Zitronat.

Rum- oder Weinbrandsirup: 2 Essl. Zucker • 2 Essl. Rum oder Weinbrand • 3 Essl. Wasser.

Fondant: 8 Essl. Zucker • 6 Essl. Wasser.

Einen nicht zu festen Teig bereiten. Die gewaschenen Rosinen und das Zitronat zugeben. Den Teig kneten und dann zu einer langen Rolle formen, in 10 Stücke schneiden. Aus jedem Stück eine Kugel formen, in gefettete Portionsförmchen drücken und 30 bis 40 Minuten gehen lassen.

Dann 10 bis 15 Minuten bei 220°C backen und 6 Stunden stehen lassen.

Danach die Babas mit der Unterseite in kalten Rum- oder Weinbrandsirup tauchen, anschließend mit Fondant glasieren. Die Babas können noch mit frischen oder konservierten Früchten oder mit Warenjie garniert werden.

Warme Apfelbabka

500 g Äpfel • 100 ml saure Sahne • 3 Eier • 4 bis 5 Essl. Zucker

2 ½ Essl. Mehl • 1 Teel. Zimt.

Zucker mit Eigelb und saurer Sahne verrühren. Nach und nach Mehl zugeben. Die Hälfte der Äpfel reiben, die andere Hälfte ohne Schale in kleine Würfel schneiden, mit Gewürzen abschmecken. Teig und Mus vermischen und Eischnee zugeben. Masse in eine gefettete und mit Mehl bestreute Form füllen. In der Backröhre etwa 1 Stunde backen, dann sofort servieren, denn die Babka muss warm verzehrt werden.

Möhren-Babka

1 bis 1 ½ kg Möhren • 3 bis 4 Eier • 2 Essl. Zucker • 3 Essl. Butter • 20 bis 25 g Hefe
3 Essl. Weizenmehl.

Die geputzten Möhren reiben. In 50 ml Wasser Hefe und 1 Essl. Mehl verquirlen. Mit den Möhren vermischen und die Masse an einem warmem Ort gehen lassen. Dann die mit Zucker verquirlten Eier, das restliche Mehl und Fett zugeben, alles durchkneten und erneut warm stellen. Den gegangenen Teig in einer gefetteten Form bei Mittelhitze in der Backröhre backen.

Witali Kaleida, Russische Familie beim Tee. Privatsammlung Anton Groß, Leipzig

Russisches Fruchtbrot

200 G KANDIERTE FRÜCHTE • 70 G NÜSSE • 3 EIER • 6 EIGELB • 1 GLÄSCHEN RUM

150 G STAUBZUCKER • 200 G MEHL • 70 G BUTTER • ABGERIEBENE SCHALE EINER HALBEN ZITRONE.

Obst und Nüsse fein hacken, mit Rum übergießen. Eier, Eigelb, Staubzucker und geriebene Zitronenschale beigeben und über Dampf unter ständigem Schlagen erwärmen. Vom Dampf nehmen und weiterschlagen, bis die Masse auskühlt. Mit Mehl und Butter vermengen, in eine gebutterte und bemehlte Form füllen und bei Mittelhitze ca. 40 Minuten backen. Nach dem Auskühlen in Scheiben schneiden und zum Tee servieren.

Kleingebäck sollte auf dem Teetisch niemals fehlen.

Zuckerrubel

130 G STAUBZUCKER • 80 G MEHL • 4 EIWEISS

SAFT UND GERIEBENE SCHALE EINER HALBEN ZITRONE

BUTTER.

Den Eischnee mit Zucker schaumig rühren, dann Mehl, geriebene Zitronenschale und Zitronensaft beimengen. Die Masse ½ Stunde stehen lassen, dann kleine Plätzchen auf ein gebuttertes Blech setzen und bei Mittelhitze backen.

Vasenförmiger Samowar »Silhouette«, Ende 19. Jahrhundert, Privatsammlung J. N. Basin, Tula

Anisplätzchen

Für etwa 400 g Gebäck: 3 Eier • 180 g Zucker • 250 g Mehl • Anis.

Eier und Zucker mit dem Schneebesen im Wasserbad schlagen und auf 40 bis 50 °C erwärmen. Unter weiterem Schlagen die Masse auf Zimmertemperatur abkühlen und mit dem gesiebten Mehl verarbeiten. Kleine runde Plätzchen auf ein gefettetes, mit Mehl bestäubtes Blech setzen. Auf jedes Plätzchen 3 bis 5 Aniskörner legen. Sobald die Oberfläche der Plätzchen getrocknet ist, das Gebäck 8 bis 10 Minuten bei 180 bis 200 °C backen. Dabei soll das Gebäck weiß bleiben. Die Plätzchen können statt mit Anis auch mit Kümmel oder Mohn bestreut werden.

Mandelgebäck

Für etwa 500 g Gebäck: 180 g Zucker • 4 Eier • abgeriebene Schale von 1 Zitrone
250 g Mehl • 5 Essl. Mandeln.

Zucker und Eier unter Schlagen im Wasserbad auf 40 bis 50 °C erwärmen. Unter weiterem Schlagen auf Zimmertemperatur abkühlen lassen, dann mit der Zitronenschale und dem gesiebten Mehl verarbeiten. Plätzchen auf ein gefettetes und mit Mehl bestäubtes Blech setzen und mit gehackten Mandeln bestreuen. Das Gebäck 8 bis 10 Minuten bei 210 bis 230 °C backen.

Moskauer Schneeflocken

Für etwa 400 g Gebäck: 4 Eiweiss • 375 g Staubzucker.

Eiweiß steif schlagen, zuletzt in kleinen Portionen den gesiebten Staubzucker zufügen. Ein Blech mit Backpapier belegen und kleine Häufchen von der Masse darauf setzen. Bei 60 bis 90 °C in der Backröhre trocknen lassen, vom Papier lösen und trocken aufbewahren.

Mohnhäufchen

Für 20 Mohnhäufchen von etwa 45 g: 3 Eiweiss • 250 g Staubzucker
1 Päckchen Vanillinzucker • 80 g Mohn.

Eiweiß steif schlagen, gesiebten Staubzucker und Vanillinzucker zugeben und über Dampf schlagen, bis die Masse steif ist. Etwas abkühlen lassen, dann den Mohn zufügen und gut verrühren. Kleine Häufchen auf ein gefettetes Blech setzen und 25 bis 30 Minuten bei 110 bis 120°C in der Backröhre trocknen lassen.

Sahnegebäck

300 g Mehl • 440 g Zucker • ½ Liter saure Sahne • 5 Eigelb • ½ Teel. Salz
abgeriebene Schale von 1 Zitrone • 4 Essl. Staubzucker • ⅓ Päckchen Vanillinzucker.

Eigelb mit Zucker und saurer Sahne rühren, bis sich der Zucker aufgelöst hat. Allmählich das Mehl mit Salz unterziehen und die abgeriebene Zitronenschale zugeben. Den gut durchgerührten Teig in eine gefettete und bemehlte Backform füllen und bei 220 bis 230°C backen. Den fertigen Kuchen mit Staubzucker und Vanillinzucker bestreuen.

Zuckerplätzchen

250 g Mehl • ½ Päckchen Backpulver • 50 g Butter • 100 g Zucker
1 Prise Salz • 1 Ei • 4 Essl. Milch • grober Zucker zum Bestreuen.

Mehl und Backpulver zusammen sieben. Die Butter sahnig rühren, Zucker, Salz, Ei und Milch zufügen und einen Teig kneten. Als Gewürz kann auch Vanillinzucker oder geriebene Zitronenschale zugegeben werden. Den Teig 3 mm stark ausrollen, mit Formen Plätzchen ausstechen und mit grobem Zucker bestreuen. Auf einem gefetteten Blech bei Mittelhitze backen.

Aus dem Samowar kommt der »Kipjatok« – alle anderen Zutaten für den Teegenuss stehen schon auf dem Tisch

Rosinengebäck

250 g Zucker • 2 ½ Essl. Milch • 250 g Butter • 1 Essl. Zitronenlikör • 10 g Backpulver • 1 Prise Salz • 200 g Rosinen • 480 g Mehl.

Zucker, Milch, zerlassene Butter, Likör, Backpulver, Salz und Rosinen gut vermischen. Mehl zugeben und alles gut verrühren. Kleine Portionen der fertigen Masse auf ein gefettetes Blech setzen und bei Mittelhitze backen.

Quarkgebäck gab es im alten Russland nur an der Tafel der Reichen. Erst als Molkereiprodukte für jedermann erschwinglich wurden, gingen sie in die Alltagsküche ein.

Quarkgebäck

800 g Quark • 6 Eigelb • 200 bis 300 ml saure Sahne • 200 g Zucker 2 Teel. Zimt • 4 Teel. abgeriebene Zitronenschale • 200 g Rosinen 100 bis 150 g Mehl • ¼ Teel. Backpulver • 1 Ei zum Bestreichen.

Alle Zutaten zu einem Teig verkneten und in eine gefettete Backform füllen, mit geschlagenem Ei bestreichen und etwa 45 Minuten bei Mittelhitze backen.

»Ohne Samowar wird`s sowieso kein richtiger Tee ... «

Walentin Rasputin,
»Abschied von Matjora«

Quarkschnecken

500 g trockener Quark • 200 g Butter • 350 g Zucker • 450 g Mehl ½ Päckchen Backpulver • 1 Essl. Zimt • 1 bis 2 Eigelb.

Quark mit weicher Butter, 300 g Zucker, Mehl und Backpulver zu einem Teig verrühren und auf einem bemehlten Brett 5 mm dick ausrollen. Den restlichen Zucker mit Zimt mischen und darüber streuen. Teig aufrollen und in 2 cm dicke Scheiben schneiden, auf ein gefettetes und bemehltes Backblech setzen. Mit verquirltem Eigelb bestreichen und bei 180 bis 200°C goldbraun backen.

Russische Quarkplinsen

500 g Quark • 80 g Mehl • 2 Essl. Zucker • 1 Päckchen Vanillinzucker • Salz • 1 bis 2 Eier

4 Essl. Butter oder Margarine • Staubzucker • $\frac{1}{8}$ Liter saure Sahne oder Obstsirup.

Quark durch ein Sieb streichen. Mit dem Mehl, dem Zucker, dem Salz und den Eiern verrühren. Masse auf einem bemehlten Backbrett zu einer Rolle formen und in 10 Scheiben schneiden. In heißer Butter beidseitig goldbraun braten. Die fertigen Plinsen mit Staubzucker bestreuen oder mit saurer Sahne bzw. Obstsirup servieren.

Alexander Osmiorkin, Stillleben mit Uhr, 1952

Russische Quarkkäulchen

800 g Kartoffeln • 300 g Quark • 1 Ei • 80 g Mehl • 3 Essl. Zucker
Salz • Bratfett • 1/8 Liter saure Sahne.

Kartoffeln schälen, in Salzwasser kochen, danach zerstampfen oder durch die Kartoffelpresse drücken. Quark, Ei, Mehl, Zucker und Salz untermischen und einen Teig kneten. Käulchen oder Plätzchen formen, in Mehl wälzen, beidseitig goldbraun braten und heiß mit saurer Sahne servieren.

Diese Küchen-Samoware hatten drei Behälter: für Kohlsuppe, für Grütze und für Tee.

Küchen-Samowar, 2. Hälfte des 19. Jahrhunderts, Werkstatt des Meisters Nowikow, Dorf Pawlowo im Gouvernement Nishni-Nowgorod

Prjaniki – Lebkuchen – gibt es in Russland bereits seit dem 9. Jahrhundert, damals ein einfaches Gebäck aus Roggenmehl, Honig und Beerensaft, das man Honigbrot nannte. Später setzte man den Lebkuchen mehr und mehr Gewürze zu und sie bekamen in den unterschiedlichen Gegenden des alten Russland ganz eigene Züge. Russische Lebkuchen werden meist mit einer weißen Glasur überzogen und mit einem Reliefmuster verziert.

Moskauer Lebkuchen

600 g Roggenmehl • 600 g Honig
90 ml reiner Alkohol • 100 g gehackte Apfelsinenschale • je 3 g Nelken, Ingwer, weisser Pfeffer • je 6 g Anis und getrockneter Dill • Bier • Mandeln • Zitronat Orangeat.

Honig langsam aufkochen, Schaum abschöpfen. Vom Feuer nehmen, Alkohol und Gewürze unterrühren. Mit der heißen Masse das Mehl übergießen. Teig kneten und auf ein gefettetes Blech streichen. Mit Bier bepinseln und 30 Minuten ruhen lassen. Mit Mandeln, Zitronat und Orangeat verzieren und 20 bis 30 Minuten bei etwa 200°C backen. Abkühlen lassen und in Rechtecke schneiden.

Samowar aus der 1. Hälfte des 19. Jahrhunderts, Privatsammlung St. Petersburg

Tulaer Lebkuchen

300 g Mehl • 200 g Zucker • 50 g Honig • 100 g Butter • 1 Ei • ½ Teel. Natron • Zimt Nelken • Kardamom • 150 g Marmelade • 1 Ei • Zuckerglasur.

Honig, Zucker und ⅛ Liter Wasser auf ca. 70°C erhitzen, mit Gewürzen und der Hälfte des Mehls verarbeiten. Auf Zimmertemperatur abkühlen und das restliche Mehl rasch darunter kneten. Teig 5 bis 8 mm dick ausrollen. Etwa 10 bis 12 cm große Rechtecke oder Kreise ausstechen, die Hälfte davon mit Marmelade bestreichen und die Ränder mit Ei bepinseln. Mit den restlichen Teigstücken bedecken, am Rand zusammendrücken und mit Ornamenten verzieren. Aus Teigresten Monogramme formen und auf die Lebkuchen setzen. In Russland gibt es dafür besondere Formen. Die Lebkuchen bei nicht zu starker Hitze 20 bis 30 Minuten backen und mit Zuckerglasur überziehen.

Pfefferminzlebkuchen

600 g Mehl • 3 bis 5 Tropfen Pfefferminzessenz • 300 g Zucker • ½ Teel. Natron 50 g Butter • 1 Ei • Zuckerglasur.

Zucker mit ⅛ Liter Wasser zu Sirup kochen. Auf Zimmertemperatur abkühlen lassen und mit den anderen Zutaten verkneten. Walnussgroße Kugeln formen, auf ein gefettetes Blech setzen und 5 bis 7 Minuten bei 180 bis 200°C backen. Mit Zuckerglasur überziehen.

Lebkuchen aus frischen Beeren

400 g Erd- oder Himbeeren • 400 g Zucker • 4 Eiweiss.

Beeren durch ein Sieb drücken und mit Zucker und Eiweiß zu einer festen Masse schlagen. Kleine Häufchen auf ein gefettetes Blech setzen und 2 bis 3 Minuten bei 220°C im Ofen trocknen lassen. Nach dem Auskühlen mit Zucker bestreuen.

W. F. Stosharow, Am Samowar

Piroggen sind ein echtes russisches Nationalgericht, früher wurden sie ausschließlich an Festtagen zubereitet. Das alte Sprichwort »In eine Pirogge passt alles hinein« verweist auf die unterschiedlichen Füllungen. Piroggen können sowohl als Vorspeise als auch als eigenständiges Gericht zum Mittag- oder Abendessen gereicht werden. Zum Tee serviert man süße Piroggen.

Piroggen

HEFELOSER BUTTERTEIG (FÜR SÜSSE PIROGGEN): 500 G MEHL • 250 G BUTTER

½ TEEL. SALZ • 1 EI.

Die kalte, nicht zerlassene Butter, das Mehl und das Salz zu einem Teig verkneten und mit einem Messer in »Graupen« hacken. Das Ei mit 200 ml Wasser kräftig verschlagen, auf den Teig gießen, gut durcharbeiten, ausrollen und zu Piroggen verarbeiten. Vor dem Backen 20 Minuten kalt stellen.

Mohnfülle:

Gesiebten Mohn in kaltem Wasser waschen, mit kochendem Wasser brühen und 5 bis 7 Minuten stehen lassen, nochmals brühen, 3 Minuten stehen lassen. Dann das Wasser abgießen, den ausgepressten Mohn im Mörser zerreiben, Zucker, Honig oder Sirup zugeben und damit aufkochen.

Warenjiefülle:

Geeignet sind Kirsch-, Johannisbeer-, Apfel-, Pflaumen-, Erdbeer-, Heidelbeer-, Preiselbeer- und Moosbeerwarenjie. Die Warenjie muss dick und zähflüssig sein.

Dörrobstfülle:

Dazu werden Rosinen, Backpflaumen und Feigen verwendet. Das Obst waschen und mit etwas kochendem Wasser übergießen. Nach 5 bis 7 Minuten die weichen Früchte schneiden oder klein hacken, Backpflaumen entsteinen. Zucker, Honig oder Sirup, etwas gemahlene Nelke und Zimt zugeben, 2 bis 3 Minuten mit 1 Essl. Traubenwein kochen. Abkühlen und evtl. mit etwas gekochtem Reis vermengen.

Samowar »Florentinische Vase« von 1870. Tulaer Gebietsmuseum

»Langsam vergeht der Winterabend. Ununterbrochen tobt hinter den Fenstern der Sturm. Aber jetzt lauschen die alten Männer nicht mehr auf seine Geräusche. Sie haben im Flur den Samowar angeheizt, im Ofen des ‚Kabinetts' Feuer angemacht und hocken beide davor ...
Als das Holz und das Stroh durchgebrannt sind, röstet Kowaljow im Ofen die Kringel, das glühende Gesicht von der Glut abgewendet. In der Dunkelheit, von der rötlichen Mündung des Ofens beleuchtet, sieht er aus wie aus Bronze gegossen. Jakow Petrowitsch hantiert am Samowar. Er giesst sich einen Krug Tee ein, stellt ihn auf den Liegeofen neben sich, zündet sich eine Zigarette an, schweigt eine Weile ...«

Iwan Bunin, »In der Steppe«

Süße Versuchung: tschaj s warenjiem

(Tee mit Konfitüre)

Beim »tschaj s warenjiem« werden eingemachte Früchte zum Tee gereicht. Die russische Warenjie ist eine Konfitüre, die aus allen Obstarten, aber auch aus Nüssen, Hagebutten, Karotten, Kürbis, Rosenblättern und Chrysanthemen zubereitet wird. Das Wort »Warenjie« lässt sich am besten mit »in süßer Flüssigkeit gekochte Süßigkeit« übersetzen. Eine alte russische Küchenweisheit besagt, dass man mit einem Teelöffel richtig zubereiteter Warenjie eine große Tasse Tee trinken kann.

Warenjie

400 g Früchte • 400 g Zucker • 1 Essl. Rum oder Cognac • 2 Teel. Zitronensaft.

Man kann Sauerkirschen, Erdbeeren, Himbeeren, rote oder schwarze Johannisbeeren, Quitten, Weintrauben, Wasser- oder Honigmelonen oder Orangenschalen verwenden. Die Früchte sollen trocken sein. Beeren von den Stielen befreien, Kirschen entkernen, große Früchte würfeln. Dann das Obst mit Rum oder Cognac beträufeln und 2 bis 3 Stunden ziehen lassen. Zucker mit 1/4 Liter Wasser unter ständigem Rühren zu einem Sirup kochen. Obst und Zitronensaft einfüllen, einmal aufkochen lassen. Vom Herd nehmen, den Schaum abschöpfen und 3 bis 4 Stunden abkühlen. Den Vorgang dreimal wiederholen, bis die Früchte schwer vom Sirup sind und auf den Topfboden sinken. In Gläser füllen und verschließen.

Vorherige Seiten: Isaak Lewitan, März, 1895

Warenjie aus Birnen und Karotten

1 KG BIRNEN • 200 G KAROTTEN • 800 G ZUCKER

3 BIS 4 LORBEERBLÄTTER.

Die Birnen schälen, vierteln und entkernen. Mit heißem Zuckersirup übergießen und über Nacht stehen lassen. Am Folgetag einige Minuten kochen, dabei den Topf schütteln und nochmals über Nacht stehen lassen. Die geputzten Karotten in feine Scheiben schneiden, auf Zwirn auffädeln und mit den Lorbeerblättern zu den Birnen geben. Noch etwa 10 bis 20 Minuten kochen lassen, dann die Karottenscheiben und Lorbeerblätter entfernen. Die Früchte mit dem Sirup in Gläser füllen und verschließen.
Die erkalteten kandierten Karotten kann man mit kalter Milch verzehren.

Elektrischer Drei-Liter-Samowar, Tula 1987. Privatsammlung Anton Groß, Leipzig

Stachelbeer-Warenjie

400 g Stachelbeeren • 400 g Zucker • 1 Essl. Rum

2 Teel. Zitronensaft • 90%iger Alkohol • Kirschblätter.

Die Stachelbeeren von den Stielen befreien, seitlich einschneiden und entkernen. In einer Schale mit Eiswasser und Eiswürfeln 10 bis 15 Minuten stehen lassen. Beeren gut abtropfen und schichtweise mit Kirschblättern in einen Kupfertopf legen. Mit dem Alkohol bedecken und zwei- bis dreimal aufkochen. Abgießen, die Kirschblätter entfernen und die Stachelbeeren 3 bis 4 Minuten in Eiswasser abschrecken. Mit ¼ Liter Wasser Zuckersirup kochen, abgetropfte Beeren, Rum und Zitronensaft zufügen und aufkochen. Vom Herd nehmen, nach einigen Minuten nochmals aufkochen. Den Vorgang noch zweimal wiederholen. In Gläser füllen und verschließen. Eine besondere Warenjie entsteht, wenn man die entkernten Stachelbeeren mit Walnussstückchen füllt.

Kürbis-Warenjie

400 g Kürbis • 600 g Zucker • Saft von 1 Zitrone.

Mit ⅜ Liter Wasser einen Zuckersirup kochen, das geschnittene Kürbisfleisch und den Zitronensaft zufügen. Topf schütteln und 5 bis 10 Minuten aufkochen. Schaum abschöpfen, das Kürbisfleisch mit einem Schaumlöffel herausnehmen. Nach 24 Stunden den Sirup erneut erhitzen, Kürbisfleisch zufügen und 10 bis 15 Minuten kochen lassen. In Gläser füllen und verschließen.

Fünf-Liter-Kohlesamowar, Tula 1983, Privatsammlung Anton Groß, Leipzig

»Der plötzliche Stoss, mit dem der Schlitten zum Stehen kam, liess mich auffahren. Eine Poststation mitten im Wald wie aus einem Räubermärchen. Schwaches Licht in der Hütte, das Summen des Samowars, eine tickende Uhr.«

Boris Pasternak, »Über mich selbst« (1917)

W. F. Stosharow, Tee mit Kringeln

Berühmte Leckereien: Kissel und Gelee

Kissel (Fruchtgrütze) und Fruchtgelee gehören zu den traditionellen Desserts der russischen Küche. Kissel wird stets mit Kartoffelmehl zubereitet und in der Regel kalt mit Milch oder Sahne serviert. Fruchtgelees bereitet man aus Obstsaft, aber auch aus Tee, Kaffee, Wein, Milch oder Sahne. Einige Gelees wurden international berühmt wie z. B. das Gelee »Moskowit«. Verschiedenfarbige Gelees wirken sehr dekorativ.

Stachelbeer-Kissel

1 ½ kg Stachelbeeren • Zucker nach Geschmack

2 Essl. Kartoffelmehl • 1 Vanillestange.

Reife Beeren von Blüten und Stielen befreien, mit Wasser bedecken und mit Zucker und Vanillemark dünsten, bis die Beeren zerfallen sind. Das Kartoffelmehl mit etwas kaltem Wasser glatt rühren, zu den Beeren gießen, vermischen und aufkochen. In eine Schüssel füllen und kühlen. Mit Sahne oder Mandelmilch servieren.

Samowar aus der 1. Hälfte des 20. Jahrhunderts, Geschenk von I. Tagil, Minsk.
Privatsammlung Anton Groß, Leipzig

Apfel-Kissel

500 bis 600 g Äpfel (oder Kirschen, Pflaumen, Johannisbeeren oder Himbeeren) • Zucker nach Geschmack • etwas Zitronensaft • 1 Essl. Kartoffelmehl.

Das Obst mit Wasser bedeckt weich dünsten, durch ein Sieb streichen und mit Zucker und Zitronensaft abschmecken. Das Kartoffelmehl glatt rühren, mit den Früchten verrühren und aufkochen. Kühlen und mit Sahne oder Milch servieren.

Handgefertigter Samowar aus einer Tulaer Werkstatt. Anfang 19. Jahrhundert (mit seltener Herkunftsinschrift im Deckel). Sammlung Anton Groß, Leipzig

Backobst-Kissel

100 g Backobst • 150 g Zucker • 2 Essl. Kartoffelmehl • süsse Sahne.

Das Backobst (möglichst zur Hälfte Aprikosen) waschen und dann in einem Topf mit knapp 1 Liter kochendem Wasser übergießen und 2 bis 3 Stunden stehen lassen. Auf kleiner Flamme 30 Minuten kochen. Zucker zugeben, nochmals aufkochen, dann das in Wasser verrührte Kartoffelmehl zugießen. Gut durchkochen lassen. Kissel mit süßer Sahne servieren.

Vasenförmiger Samowar, Ende 19. Jahrhundert, Firma Tejle, Tula. Tulaer Gebietsmuseum

Rhabarber-Kissel

300 G RHABARBER • 150 G ZUCKER • 2 ESSL. KARTOFFELMEHL • MILCH ODER SAHNE.

Zucker mit ½ Liter Wasser zum Kochen bringen, den in Würfel geschnittenen Rhabarber zusetzen und einige Minuten mitkochen. Mit dem in Wasser verrührten Kartoffelmehl durch erneutes Aufkochen binden. Kalt mit Milch oder Sahne servieren.

Preiselbeer-Kissel

100 BIS 120 G PREISELBEEREN • 2 BIS 3 ESSL. KARTOFFELMEHL
3 BIS 4 ESSL. ZUCKER.

Die gewaschenen Preiselbeeren durch ein Sieb streichen, den Saft ausdrücken. Das Mark mit der vier- bis fünffachen Menge heißen Wassers übergießen, zum Kochen bringen und durchseihen. Einen Teil des Suds abkühlen lassen und mit Kartoffelmehl anrühren. Aus dem zweiten Teil einen Zuckersirup bereiten: den Zucker einrühren und zum Kochen bringen. Das angerührte Kartoffelmehl und den Beerensaft zugießen, alles erneut aufkochen. Fertigen Kissel in Tassen gießen, mit Zucker bestreuen und gut gekühlt servieren.

Ein wertvoller »Zwerg« in der Leipziger Samowar-Sammlung: Geschenk des Tanz- und Gesangsensembles der sowjetischen Streitkräfte in Deutschland, Dresden 1985. Sammlung Anton Groß, Leipzig

Gelee »Moskowit«

Saft von 4 Orangen und 2 Zitronen • Zucker nach Geschmack • Gelatine.

Orangen- und Zitronensaft mit ½ Liter Wasser und Zucker sirupartig einkochen und die eingeweichte Gelatine darin auflösen. Das Gelee in Hörnchenformen füllen und abkühlen lassen. Die Formen dann auf Eis stellen und hin und wieder umdrehen, damit sich außen eine Eiskristallschicht bildet, die Masse innen aber geleeartig bleibt. Die Hörnchen bekommen dadurch zwei verschiedene Farben sowie innen und außen einen unterschiedlichen Geschmack.

Samowar von 1830-1840, Fabrik von W. J. Rosenstrauch, Moskau. Einzelstück für den russischen Adel.

Apfelsinengelee

1 Apfelsine • 100 g Zucker • 15 g Gelatine.

Apfelsine schälen, in dünne Scheiben schneiden, Kerne entfernen. Die Scheiben mit der Hälfte des Zuckers bestreuen und ½ Stunde stehen lassen, damit sich Saft bildet. Die andere Hälfte des Zuckers mit ¾ Liter Wasser aufkochen. Diesen Sirup mit der eingeweichten Gelatine und der dünn abgeschälten Apfelsinenschale erneut aufkochen. Vom Feuer nehmen und den rohen Saft zugießen. Den heißen Sirup durchseihen, etwas abkühlen, 1 cm dick in Formen oder Schalen gießen und kalt stellen. Auf die erkaltete Schicht je eine Apfelsinenscheibe legen, das restliche Gelee aufgießen und nochmals kühlen.

Rotweingelee

150 g Zucker, ½ Päckchen Vanillinzucker, 25 g Gelatine, ¼ Liter Rotwein, frisches Obst.

Den Zucker mit ½ Liter kochendem Wasser übergießen, die eingeweichte Gelatine dazugeben. Unter ständigem Rühren zum Kochen bringen. Den Wein zugießen. Das Rotweingelee durchseihen und in Schalen oder Formen gießen. Kühlen und mit frischem Obst garnieren.

Aromatisches Apfelgelee

½ Liter Apfelsaft • 250 g Zucker • 200 g Blütenblätter einer stark duftenden Rosensorte.

Die Blütenblätter in einem Sieb kurz in kochendes Wasser tauchen, danach in Eiswasser abschrecken und auf einem Tuch trocknen lassen. Saft und Zucker zusammen etwa 7 Minuten kochen und dabei Schaum abschöpfen. Die Blätter in das kochende Gelee schütten und mitkochen, bis sie nicht mehr schwimmen. Sie kommen beim Abfüllen mit ins Glas.

Igor Grabar, Am Samowar

»Da sassen die Eltern und wir Jungen oft lange im Esszimmer beisammen. Auf dem Tisch summte der verglimmende Samowar. In lebhafter Bewegung floss das herzlich-gemütliche Gespräch über die vielfältigsten Dinge dahin.«

Fjodor Stepun, »Das Antlitz Russlands« (1961)

Fruchtige Schlemmereien am Samowar

Petersburger Äpfel

4 GROSSE ÄPFEL • 300 G TIEFGEKÜHLTER BLÄTTERTEIG • VANILLEZUCKER • ZITRONENSAFT • 2 EIGELB.

Die Äpfel schälen, Kerngehäuse ausstechen. Mit Zitronensaft einreiben und mit Vanillezucker füllen. Angetauten Blätterteig in 2 cm breite Streifen schneiden und auf einer Seite mit verquirltem Eigelb bestreichen. Die Äpfel mit den Teigstreifen umwickeln, mit restlichem Ei bestreichen und goldbraun backen.

Vorherige Seiten: Isaak Lewitan, Sommerlandschaft

Backpflaumen mit Milch

80 g Backpflaumen • 1 Liter Milch • 2 Essl. Zucker.

Die Backpflaumen waschen, mit kochender Milch überbrühen und 1 bis 1 ½ Stunden stehen lassen. Zucker zugeben und in die Backröhre stellen, bis sich an der Oberfläche eine braune Milchhaut gebildet hat. Heiß oder kalt servieren.

Gebackene Äpfel mit Preiselbeeren

8 Äpfel • 250 g Preiselbeeren • 100 g Zucker • 2 Essl. Staubzucker.

Kerngehäuse der Äpfel entfernen, aber nicht ganz durchstechen. In die entstandene Vertiefung die mit Zucker vermischten Preiselbeeren füllen und in der Backröhre backen. Damit die Äpfel nicht platzen, auf das Blech etwas Wasser geben. Die fertigen Äpfel mit Staubzucker bestäuben.

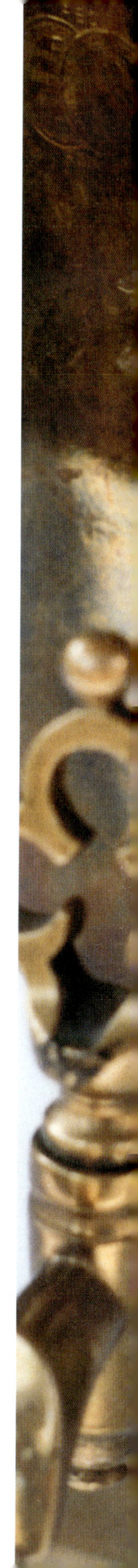

Henkel, Hähne und Füße der Samoware sind von besonderer künstlerischer Vielfalt.

Gebackene Äpfel mit Honig

500 bis 600 g süßsaure Äpfel • 40 bis 50 g Zucker • 4 Eßl. Honig.

Kerngehäuse ausstechen, aber nicht ganz durchstechen. Die Vertiefung mit Zucker füllen. Äpfel auf ein Backblech legen, etwas Wasser darüber geben und in der Röhre backen. Vor dem Servieren Honig über die Äpfel gießen.

Äpfel mit Quarkfülle

500 g Äpfel • 150 g Quark • 1 Ei • 1 ½ Eßl. Zucker • 200 ml Sirup.

Äpfel schälen, halbieren, Kerngehäuse ausschneiden. Den Quark durch ein Sieb streichen. Ei und Zucker schaumig rühren, Quark hinzufügen und in die Apfelhälften füllen. Äpfel auf ein mit Wasser benetztes Backblech legen und in der Backröhre backen. Vor dem Servieren die Äpfel mit Fruchtsirup begießen.

Elektrischer Drei-Liter-Samowar von 1989. Privatsammlung Anton Groß, Leipzig

Gefüllte Backpflaumen

20 bis 30 Backpflaumen • 3 bis 4 Essl. Nusskerne • 1/4 Liter süsse oder saure Sahne
3 Essl. Staubzucker • 50 bis 70 g Schokolade.

Die Backpflaumen waschen und halbgar kochen. Sud abgießen, Backpflaumen kalt werden lassen, danach entsteinen. In die dabei entstandene Öffnung je eine Nuss legen. Die Backpflaumen mit Sahne garnieren und mit geriebener Schokolade bestreuen.

Äpfel mit Reis-Nuss-Fülle

10 Äpfel • 50 g Rosinen • 100 g Reis • 1/4 Liter Milch • 100 g Zucker • 50 g Nüsse oder Mandeln • 2 Essl. Butter oder Margarine • 1 Ei • eingeweckte Beeren.

Die Äpfel aushöhlen. Den Reis mit Milch und Zucker kochen. Rosinen, geriebene Nüsse oder Mandeln, zerlassene Butter und Ei unter den Reis mischen. Ausgehöhlte Äpfel damit füllen, in eine Pfanne legen und in die vorgeheizte Backröhre stellen. Äpfel mit 2 bis 3 Essl. Wasser bespritzen. Fertige Äpfel mit eingeweckten Beeren übergießen.

Getrocknete Pflaumen mit Quarkfüllung

300 g getrocknete Pflaumen • 100 g Quark • 1 Eigelb • 50 g Zucker • 100 g saure Sahne
25 g Butter.

Gewaschene Pflaumen mit kochendem Wasser überbrühen, zugedeckt quellen lassen, abtropfen und entkernen. Quark mit Zucker und Eigelb verrühren und die Pflaumen damit füllen. In eine flache Form setzen, mit der Sahne übergießen und goldgelb backen. Nach dem Backen mit etwas zerlassener Butter beträufeln und mit saurer Sahne servieren.

Apfelscheiben in Teig

4 bis 5 Essl. Butter • 4 Eier • 1/8 Liter Milch • 80 g Mehl • 50 g Zucker • Salz • 500 g Äpfel
1 Essl. Staubzucker.

Zuerst den Teig bereiten: 2 Essl. zerlassene Butter mit den Eigelb in einer Schüssel verrühren, 1 Essl. Milch dazugeben, Mehl einstreuen, 1 Essl. Zucker und 1/2 Teel. Salz unterrühren und die restliche Milch an den Teig gießen. Eischnee unterziehen.

Äpfel schälen, Gehäuse entfernen, 1/2 cm dicke Scheiben schneiden, mit Zucker bestreuen und 30 Minuten stehen lassen. Apfelscheiben in den Teig tauchen und in eine Pfanne mit heißer Butter legen. Von beiden Seiten auf schwachem Feuer goldbraun braten, dann die Pfanne noch 5 Minuten bei Mittelhitze in die Backröhre schieben. Die Apfelscheiben mit Staubzucker bestreuen und servieren.

Apfelschneekuchen

300 g Äpfel • 200 g Zucker • 6 Eiweiss • Butter oder Margarine • 2 Essl. Staubzucker.

Äpfel schälen, halbieren und Gehäuse entfernen. In eine Pfanne legen, mit etwas Wasser begießen und in die heiße Backröhre stellen. Die garen Äpfel durch ein Sieb streichen, das Püree mit Zucker kochen, bis es so dick ist, dass es nicht mehr vom Löffel tropft. Eiweiß zu Schnee schlagen und unter das noch warme Püree ziehen. Die Apfelschneemasse in einer mit Butter ausgestrichenen Pfanne zum Berg auftürmen und 10 bis 15 Minuten in die Backröhre schieben. Mit Staubzucker bestreuen und sofort servieren.

B. M. Kustodijew, Kaufmannsfrau beim Tee, 1918

Detailreiche Darstellung einer Teepflanze. Ende 19. Jahrhundert

Tee-ABC

Assam-Tee

Assam ist ein Teedistrikt in Nordindien und das größte Teeanbaugebiet der Welt. Assam-Tees sind Hochlandtees, haben ein kräftiges Aroma und sind gegen hartes Wasser unempfindlich.

Ausbeute

100 kg frische Teeblätter ergeben eine Ausbeute von etwa 23 kg Tee, gleich ob grün oder schwarz.

Autumnal

So nennt man in Darjeeling und Assam den im Herbst geernteten Tee. Je nach Witterungsverlauf ist die Qualität des „Herbsttees" sehr unterschiedlich. Bringt der Herbst viel Sonnenschein, kann sich das feine Aroma voll entwickeln.

Blatt-Tee

Ein aus Blattspitzen und Blattrippen bestehender Tee guter Qualität. Blatt-Tees können länger ziehen als feine Broken-Tees, ohne bitter zu werden.

Broken-Tee

Tee, bei dem das Blatt beim Rollen zerkleinert wurde. Broken-Tees sind ergiebiger als Blatt-Tees, ziehen schneller und haben eine dunklere Färbung. Sie liefern einen kräftigen, würzigen Aufguss und sind heute vorwiegend im Angebot.

China-Tee

Sammelbegriff für alle in China, der Heimat der Teekultur, hergestellten Tees. Der chinesische Tee zeichnet sich durch sein feines Aroma aus. In China wird bevorzugt grüner Tee getrunken.

CTC-Tee

Die Abkürzung bedeutet: Crushing-Tearing-Curling. Bei dieser Methode werden die frischen Teeblätter vor dem Rollen von Walzen, die mit Dornen besetzt sind, zerrissen. Der Tee wird ergiebiger, zieht schneller und hat eine intensivere Färbung. CTC-Tees gibt es nur in Broken-Sortierungen.

Darjeeling

Teedistrikt im Norden Indiens, in dem Spitzenqualitäten erzeugt werden. „Darjeelings" sind wegen ihres lieblichen Aromas sehr beliebt.

Dust

Würzige Teepartikel, die beim Aussieben entstehen. Sie werden in der Teebeutelproduktion verwendet, sind sehr ergiebig und haben einen hohen Gerbsäuregehalt.

Fannings

Tees, die aus kleinen Blatt-Teilen bestehen, aber gröber sind als Dust. Sie werden vor allem für Aufgussbeutel verwendet. Der Tee ist ergiebig und zieht schnell.

Fermentation

Wichtigster Arbeitsgang bei der Herstellung des schwarzen Tees, Bezeichnung für den Oxidations- und Gärungsvorgang des beim Rollen austretenden Zellsaftes, der sich rotbraun färbt. Die Qualität des Tees hängt entscheidend von der sorgfältigen Fermentation ab.

First flush

Bezeichnung für den ersten Trieb des Tees zu Beginn des Jahres. Ergibt eine sehr gute Teequalität, die sich durch besonders blumiges und spritziges Aroma auszeichnet.

Flavour

Begriff für ein angenehm entfaltetes Aroma, das durch den Gehalt an natürlichen ätherischen Ölen bestimmt wird.

Gerbsäure

Tannin, wesentlicher Bestandteil des Tees. Blätter enthalten mehr Gerbsäure, Knospen und Blattspitzen weniger. Je höher der Gerbsäureanteil, desto beruhigender wirkt der Tee. Die Gerbsäurebestandteile lösen sich beim Teeaufguss nach etwa 4 bis 5 Minuten.

Grade

Sortierung des Tees nach Blattarten und Größe. Die einzelnen Gradierungen ergeben sich beim Aussieben.

Grüner Tee

Nicht fermentierter, nur getrockneter Tee. Grüner Tee hat noch alle Gerbstoffe und ist deshalb herber als schwarzer Tee. Er verlangt weiches Wasser, damit er sein feines Aroma entfalten kann.

Grusinischer Tee

In Grusinien, an den Südhängen des Kaukasus angebauter Tee. Aromatischer Hochlandtee.

Gunpowder

Grüner Tee aus China, dessen Blätter kugelförmig gerollt sind. Ergibt einen milden Teeaufguss.

Highgrown

Hochlandtee mit feinem blumigen Aroma.

Kaltwettertee

Tee aus Anbaugebieten, in denen das ganze Jahr hindurch gepflückt wird. Der während des Winters langsam gewachsene Tee ist von besonders intensivem Aroma.

Kandis

Wird zum Süßen des Tees verwendet.

Lapsang Souchong

Schwarzer grober China-Tee mit rauchigem Aroma.

Lowgrown

Tee aus tiefer gelegenen Teegärten; nicht so aromatisch wie Hochlandtee.

Mischungen

Da Qualität und Aroma des Tees vieler Anbaugebiete je nach Klima des Jahres unterschiedlich sind, stellen Mischungen die einzige Möglichkeit dar, geschmacklich gleichbleibende Tees anzubieten. Mit Mischungen wird auf die Vorlieben besonderer Verbrauchergruppen eingegangen.

Oolong

Ein halb fermentierter Tee mit einem duftigen Aroma. Wird für den Nachmittags-Tee empfohlen.

Orange

Bedeutet „königlicher Tee". Orange Pekoe (OP) ist eine Bezeichnung für die zweite Güteklasse des Tees.

Pekoe (P)

Mit Pekoe ist das dritte Blatt abwärts von der Spitze gemeint. Bezeichnung für die nächst niedrigere Teequalität nach Orange Pekoe.

Turmförmiger Samowar aus dem Beginn des 20. Jahrhunderts

Pekoe Souchong

Bezeichnung für eine Blattsortierung für das vierte bis sechste Blatt abwärts von der Blattknospe.

Pflückung, Pflücke

Ernte des Tees. Je feiner die Pflückung, desto höher die Qualität des Tees. Eine alte Regel lautet: zwei Blätter und die Knospe – das ergibt Standardqualität. Erstklassige Tees enthalten oft nur die Knospe und ein Blatt; bei mehr als zwei Blatt und Spitze spricht man von grober Pflückung.

Rauchtee

Chinesischer Tee, der beim Rösten durch die Verwendung harzreicher Hölzer einen rauchigen Geschmack erhält.

Regentee

Während der Regenzeit (in den Monaten August bis Oktober) geernteter Tee. Ergibt meist nur durchschnittliche Qualität.

Reine Sorten

Ungemischte Tees, also stets von einer Plantage oder aus einem Anbaugebiet.

Rösten

Trocknen des Blattgutes als Abschluss der Bearbeitung. Erfolgte früher in Pfannen auf offenem Feuer – deshalb die Bezeichnung „Rösten".

Rollen

Arbeitsvorgang bei der Teeherstellung. Die Zellen der gewelkten Blätter werden aufgebrochen, um sie mit dem Sauerstoff der Luft in Verbindung zu bringen und die Fermentation einzuleiten.

Samowar vom Ende des 18. Jahrhunderts, Meister Iwan Lissizin.
Iwan und Nasar Lissizin eröffneten 1778 in Tula die erste Samowar-Werkstatt.

Schwarzer Tee

Fermentierter Tee. Er hat sich bei den Teetrinkern in den meisten Ländern der Welt durchgesetzt.

Second flush

Die zweite Pflückung in einer Ernteperiode. Da die Teebüsche während des Höhepunktes der Vegetationsperiode viel Aroma und Gerbsäure bilden, stellt der Second flush eine ideale Kombination der positiven Eigenschaften des Tees dar.

Sortierung

Nach dem Trocknen werden die Teeblätter maschinell nach der Größe sortiert. Es werden Blattgrade und Brokengrade unterschieden.

Teeprüfung

Erfolgt vor der Herstellung einer Mischung. Ein Teeprüfer prüft Größe des Blattes, Farbe, Glanz und Glätte, den Anteil an Stängel- und Rippenteilchen sowie Bruch und Rollung der Blätter und verkostet den Tee.

Tein

Wesentlicher Bestandteil des Tees, entspricht dem Koffein des Kaffees. Je nach Sorte beträgt der Anteil 1,5 bis 4 Prozent. Während Koffein eine schockartige Wirkung besitzt, schont das Tein das Herz und wird langsamer abgebaut. Tein beeinflusst Nerven und Gehirn günstig, fördert die Konzentrations- und Reaktionsfähigkeit. Da das Tein beim Aufguss zuerst frei wird, wirkt Tee, den man nur kurz ziehen lässt, anregend.

Tip

Blatthülle der Knospe, die mit feinen Härchen besetzt ist.

Weißer Tee

Tee aus der chinesischen Provinz Fukien; hierzulande nahezu unbekannt. Weißer Tee ist ein unfermentierter grüner Tee mit großen silbrig behaarten Blättern.

Welken

Arbeitsgang bei der Teeherstellung nach dem Pflücken. Den Teeblättern wird Feuchtigkeit entzogen, sie schrumpfen und werden dadurch für das Rollen weich und geschmeidig.

Ziegeltee

In Ziegelform gepresster Tee, um ihn gut transportieren und aufbewahren zu können. Vor allem in Zentralasien (z. B. Tibet) üblich.

Serienproduktion moderner Samoware aus Tula

Anton Groß und seine Sammlung »Russische Samoware«

Anton Groß, 1935 geboren, sammelt seit über 30 Jahren Samoware sowie Text- und Fotodokumente zur Teekultur in Russland. Seine Tätigkeit u. a. als Sprachlehrer und Dolmetscher förderte sein Interesse an diesem Spezialgebiet. Er lebt in Leipzig und beschäftigt sich, nunmehr im Ruhestand, intensiv mit der Pflege seiner Sammlung.

Der Leipziger ist der wahrscheinlich einzige westeuropäische Experte für russische Teekultur; auch unter russischen Sammlern gilt er als ausgezeichneter Kenner. Rund einhundert Samoware hat Anton Groß zusammengetragen, die meisten bei seinen zahlreichen Reisen durch Russland. In seiner Sammlung befinden sich wertvolle, von Hand gefertigte historische Stücke, die als Raritäten gelten dürfen – Samoware ehemaliger russischer

Anton Groß in seinem »Privatmuseum«

Aristokratenfamilien und Exponate, die auf den Weltausstellungen des 19. Jahrhunderts präsentiert wurden. Neben den historischen Samowaren sammelt Anton Groß die modernen »Selbstkocher«. Entstanden sind die meisten Sammelstücke in Tula bei Moskau, der »Stadt der Samoware«. Durch seine guten Kontakte nach Russland, regen Briefwechsel mit russischen Museen und Samowar-Sammlern sowie eigene Studien erweitert Anton Groß seine Sammlung ständig. Auf Fachmessen und Ausstellungen präsentiert er sie regelmäßig der Öffentlichkeit.

Als exzellenter Kenner russischer Teekultur stand Anton Groß bei der Entstehung dieses Buches dem Verlag und der Autorin fachlich beratend zur Seite. Seine Materialsammlung zum Samowar floss in den Text ein; Fotos von ausgewählten Stücken der Sammlung geben Einblick in ein hochinteressantes, in Deutschland bisher wenig bekanntes Kapitel russischer Kulturgeschichte.

Von fingerhutgroßen Miniaturen bis metergroßen Tulaer Riesen umfasst die Sammlung über 100 Stücke

Verzeichnis der Rezepte

Quellen

Dank gebührt Personen und Einrichtungen, die wertvolle Unterstützung bei der Erweiterung der Leipziger Samowar-Sammlung sowie für die Vervollständigung des Bildarchives in Vorbereitung dieser Buchausgabe gewährten. Wir danken vor allem folgenden Museen und Firmen:

Samowar-Museum Schtamp, Tula

Historisches Museum Moskau

Museum für Kunsthandwerk Moskau

Staatliches Russisches Museum St. Petersburg

Werk Arsenal, St. Petersburg

sowie dem Sammler Leonid Babin, Moskau, und der Stellvertretenden Kulturministerin der Russischen Föderation, N. L. Demetjewa, Moskau

Literatur:

Iwanowa, E. A., Russische Samoware, Leningrad 1971 (in russischer Sprache)

Polunina, O. T., Katalog des Werkes Schtamp, 1995 (in russischer Sprache)

Walkowa, S. W., Russische Samoware in den Sammlungen des Russischen Museums für Volkskunst, Moskau 1986 (in russischer Sprache)

Tichonowa, A. S., Der Tulaer Samowar, Tula 1989 (in russischer Sprache)

Zeitschriftenbeiträge aus Iswestija und Prawda

Archiv Sammlung Anton Groß

Archiv der Autorin